ADÉLAÏDE DE MÉRAN.

ADÉLAÏDE
DE MÉRAN.

PAR PIGAULT-LEBRUN,

MEMBRE DE LA SOCIÉTÉ PHILOTECHNIQUE.

TOME SECOND.

PARIS,

N. BARBA, LIBRAIRE,

AU PALAIS ROYAL, DERRIÈRE LE THÉATRE
FRANÇAIS, N° 51.

1815.

ADÉLAÏDE DE MÉRAN.

CHAPITRE PREMIER.

Départ pour les Pyrénées.

Tout annonce notre prochain départ. La réduction de différens objets de dépense amène de tristes réflexions, qui surtout affectent mon père. Je m'efforce de paraître gaie, pour que lui et maman ne s'affligent au moins que sur eux. Parviens-je réellement à les abuser sur ce qui se passe dans mon cœur? Je fais tout ce que je peux pour cela, et je sens que le sourire n'est que sur mes lèvres.

Je marque à mon père plus de respect et d'attachement que lorsqu'il avait un reste assez brillant de sa première fortune. Je n'oublie pas que je suis la cause innocente de sa ruine totale, et que je lui dois tous les dédommagemens qu'il est en mon pouvoir de lui donner. Quelquefois il paraît sensible à mes soins; quelquefois l'humeur perce malgré lui. Elle a été hier jusqu'à la brusquerie, et je n'ai pas eu l'air de m'en apercevoir. M. de Méran nourrit, dès l'enfance, des idées de grandeurs qui, dans ce moment, doivent le rendre très-malheureux. Je plaindrais sincèrement un étranger frappé du même coup; ainsi, mon dévouement doit être sans bornes, lorsque dans l'infortuné je trouve mon père. Je remplirai mes devoirs dans toute leur étendue.

Nous avons reçu aujourd'hui une lettre de Tarbes. Il paraît que ce petit domaine, long-temps négligé, ne peut être remis en valeur sans des avances de fonds que nous n'avons pas. L'habitation, délabrée, a besoin de fortes réparations : il y a de quoi perdre la tête. Pour nous ménager mutuellement, nous renfermons nos idées, et peut-être chacun de nous souffre-t-il plus que si nous épanchions nos peines au dehors. Si la douleur se communique, elle s'adoucit aussi lorsqu'elle est partagée. A la première occasion, je romprai ce morne silence, image anticipée du tombeau.

Mon père a bien voulu me consulter sur la réforme de notre domestique. J'ai répondu que mon devoir est de le servir, et que ce devoir serait un plaisir pour moi. Ce mot *servir* lui a arraché un profond soupir. J'ai continué de parler avec tendresse, avec effusion ; maman m'a répondu du ton de la confiance et d'un entier abandon : nous avons entraîné M. de Méran. De ce moment, nous mettons nos peines en commun, et nous nous en trouvons mieux.

Je tremblais, Claire, de voir Jeannette inscrite sur l'état de ceux qu'on va congédier : ce n'est que par elle que je peux recevoir tes lettres et savoir ce que fait, ce que dit, ce que pense le bien-aimé. Elle seule est conservée. Les autres sont payés et vont partir. Ce bon Firmin ! ce vieux Ambroise ! ce sont eux surtout que je regrette. Combien de petits services ils m'ont rendus avec cette joie franche, qui prouve l'attachement, et qui empêche de sentir la fatigue ! Quelquefois j'ai été assez heureuse pour leur être utile auprès de mon père, et les bons offices qu'on se rend mutuellement sont des liens que chaque jour rend plus forts. Les derniers adieux de ces bonnes gens nous ont tiré des larmes à tous.

Je ne veux pas que mon père s'aperçoive de leur absence. J'ai appelé Jeannette, et j'ai partagé entr'elle et moi le travail intérieur. Je me suis réservé ce qu'il y a de moins pénible, ce qui me répugne le moins, et cependant M. de Méran me plaint beaucoup. Ah! s'il l'avait voulu, il aurait ici un enfant de plus, qui partagerait avec moi les soins que je vais lui rendre, qui soutiendrait son courage, qui l'animerait du sien. Le tableau du bonheur calme d'abord, intéresse ensuite, et finit par entraîner. Quand le cœur est satisfait, on s'occupe peu de fortune, et M. de Méran a fermé le sien à tout ce qui pouvait lui faire oublier ses revers. Je n'ajouterai pas un mot : respect au malheur.

J'étais tout-à-l'heure à l'office. Je faisais de ces petits gateaux, que mon père aime tant ! il est entré. « Mademoiselle « de Méran, s'est-il écrié, mademoi- « selle de Méran réduite à de sembla- « bles fonctions ! — Le but de mon tra-

« vail l'ennoblit, papa, et vous oubliez
« que ce n'est pas la première fois que
« je m'occupe ainsi. — Ce travail était
« libre alors. — Il l'est encore ; il le
« sera toujours : il n'est pas de con-
« trainte pour qui se livre à l'impulsion
« de son cœur. » Il m'a embrassée avec
une affection, qui me récompense am-
plement de mes attentions, de mes prévenances.

Nous parlons souvent de cette maison, où nous allons nous rendre, et où
nous serons à peine abrités. Si Jules
connaissait notre position ! garde-toi
bien de lui en parler, Claire ; tu l'affli-
gerais sans aucun avantage pour nous :
jamais mon père ne recevra rien de M.
d'Estouville.

Nous nous sommes rassemblés pour
dîner, et la conversation est revenue à
notre prochain départ, et aux moyens
de nous arranger le moins mal que nous
le pourrons à notre nouveau domicile.

Maman a tiré de son sac un écrin qu'elle a mis sur la table. « Adèle, m'a-t-elle « dit, avec une émotion profonde, ceci « devait t'appartenir un jour; je comp- « tais avoir le plaisir de t'en parer moi- « même; le sort en décide autrement. « Me permets-tu de disposer de ces « pierreries? » J'ai pris l'écrin; je l'ai présenté à mon père. « Acceptez, lui « ai-je dit, ce que vous offre maman. « Faites réparer la maison des Pyrénées, « remettez les terres en valeur, et « croyez, papa, qu'on peut être heu- « reux partout, quand on le veut for- « tement. — Puisses-tu l'être, ma fille ! « — Hélas ! le souvenir de ce que j'ai « perdu me suivrait dans un palais com- « me sous le chaume, et je ne regrette « pas ces superfluités, puisque ce n'est « plus pour Jules que je m'en serais pa- « rée. » Nous nous sommes approchés, attendris. Nos bras enlacés nous ont étroitement unis tous les trois. Nous

nous sommes embrassés, nous avons mêlé nos larmes. Monsieur et madame de Méran veulent bien attacher quelque prix à ce qu'ils appellent mon sacrifice! Des diamans! eh! que me sont les mines de Golconde? Je les donnerais, si elles étaient à moi, pour un regard, un sourire du bien-aimé.

Demain, on vendra les chevaux et les voitures. On ne gardera qu'une simple calèche, dans laquelle nous voyagerons modestement; Jeannette s'y placera près de moi. Je crois te l'avoir déjà dit, le malheur a cela de bon qu'il rapproche les hommes, qu'il leur fait sentir le besoin qu'ils ont les uns des autres, qu'il les rend plus sensibles, et par conséquent meilleurs. Je ne crois pas le riche naturellement dur, ou méchant. Mais il est difficile de s'attendrir sur des maux dont on n'a pas d'idée.

Après demain, on vendra le mobilier et on se pourvoira à Tarbes de ce qui sera rigoureusement nécessaire. Dans trois jours, nous quitterons ce château pour n'y rentrer jamais. Ne m'écris plus ici. Adresse-moi ta première lettre à Tarbes.

Dans trois jours! berceau de mon enfance et de celle de Jules, lieux qui nous ont vus croître, bosquets témoins de nos jeux et de nos premières amours, points consacrés par des baisers de feu et par des remords, je me croyais détachée de vous, et à chaque pas je retrouve des souvenirs, partout j'ai des regrets à donner. Dans trois jours je vous quitterai sans espérance de vous revoir ! je suis éloignée de Jules; il faut m'éloigner encore des lieux que sa présence m'avait rendus chers. Ainsi je me détache successivement de tout et de moi-même. Je partirai pauvre, ce n'est rien; mon amour me tuera, ce n'est rien encore : pour qui doit toujours souffrir, la tombe est le port désirable.

J'oublie de te parler des pauvres Rigaud. Leur détresse est égale à la nôtre, et ils la supportent plus courageusement que nous. Le mari a obtenu à Cherbourg une place de trois à quatre mille francs. Il va s'y rendre incessamment et tout disposer pour y recevoir sa femme.

Je finis et je vais fermer ce paquet. Jeannette l'enverra ce soir à Argentan. Dis bien à ce malheureux que je ne respire, que je ne vis que pour lui ; qu'il m'est présent le jour et la nuit ; que la tendresse qu'il m'inspire, n'est comparable qu'à lui-même, puisqu'on ne peut le comparer à personne ; que rien ne le bannira de mon cœur, et que si je suis fidèle à ce que j'ai promis à mon père, je le serai également aux sermens que j'ai faits à l'amour.

Dans deux jours tu auras ce paquet. Peut-être Jules sera auprès de toi quand tu l'ouvriras. Cache-lui bien, je te le répète, notre malheureuse situation. Qu'il lise le reste avec toi ; qu'il sache combien il est chéri ; qu'il ajoute à l'insuffisance de la langue ce que lui dictera son cœur. J'embrasse mon ami, mon frère, mon amant bien-aimé. Ah ! qu'il me trouve un nom plus doux, pour que je puisse le lui donner.

Je finis, t'ai-je dit, et quand je parle de cet être adorable, je ne peux plus m'arrêter. Je me lève, je jette ma plume au loin, et je sors de ma chambre. Je n'ai que ce moyen-là pour cesser d'écrire....

Je reviens. Recueille avec soin tout ce qu'il te dira de moi ; n'omets pas un mot, Claire : rien n'est indifférent pour l'amour. Oh ! si tu pouvais aussi me rendre les inflexions de sa voix ! je suppléerai ce que tu ne peux faire : son organe vibre sans cesse à mon oreille, et va se perdre au fond de mon cœur. Je finis, je finis. . . . .

. . . .

C'est demain que nous nous arrachons de ces lieux. Nous errons tous trois dans les appartemens, dans le parc, dans mon petit bosquet. Il est aisé de voir que nous éprouvons tous le même genre d'émotion. La mienne est d'une extrême violence : monsieur et madame de Méran ne voyent que leur terre ; je sens que j'y laisse mon amant. Oh ! combien j'ai déjà souffert et je n'ai pas dix-huit ans ! peut-être ai-je encore une longue carrière à parcourir, et l'infortune seule marche devant moi ! sa main de fer s'appesantit sur tout mon être ; elle l'accable, sans pouvoir l'anéantir.

La vente de ce qui était ici, a produit fort au-delà de ce qu'on en devait espérer. Il est décidé qu'avant de disposer des diamans de ma mère, on se rendra sur les lieux, et on évaluera la dépense qui paraîtra indispensable. On pourra conserver quelque chose de l'écrin. On t'adressera ce qu'on sera forcé de vendre, et on compte, pour en tirer le meilleur parti, sur ton amitié, ton activité et ton intelligence.

Voici la dernière fois que le soleil éclaire pour nous une habitation et des sites qu'il faut abandonner. Je vais dire un éternel adieu à mon petit bosquet, répandre mes dernières larmes sur le point où s'élevait mon marronier. Je le porte dans un sachet suspendu à mon cou; le portrait du bien-aimé est auprès de ces cendres ; mon cœur gémit sous ces deux monumens d'amour et d'affliction. Que de souffrances! grand Dieu! que de souffrances ! ôtez-moi la force de les supporter; appelez-moi à vous.

Je m'éloigne à pas lents, la tête baissée, la poitrine oppressée, sans respiration et sans force. Je suis le chemin, qui conduit à la petite porte du parc; je cherche la trace de ses pas imprimés sur le sable lors de notre dernière séparation : il n'en reste pas de vestiges. Ainsi les générations se succèdent et s'effacent. Cent ans encore et il ne restera rien de notre amour, de ce que nous aurons souffert, même dans la mémoire des hommes.

Peut-être à la place où je suis, un cœur, bourrelé comme le mien, s'est éteint sous le poids de ses maux. Peut-être ici a-t-il existé une ville célèbre, dont tout, jusqu'au nom, s'est perdu dans la nuit des temps. Peut-être d'ambitieux monumens y consacraient la gloire de quelque héros, dont la poussière est confondue avec celle des colonnes et des pilastres. Partout nous foulons aux pieds les débris de l'espèce humaine et des cités ensevelies.

Absorbée dans ces tristes réflexions, je suis sortie du parc et j'ai été attendre la voiture sur le chemin. Je me suis assise sur le revers d'un fossé, dans un état d'accablement impossible à dépeindre. Le monde, ses habitans, leurs jouissances, tout disparaissait à mes yeux et même à mon entendement. Je ne tenais plus à ce vaste univers que par la douleur.

Des cris, plusieurs fois répétés, ont enfin frappé mon oreille, et m'ont rendue attentive. J'ai reconnu la voix de Jeannette et l'accent de l'inquiétude. Je me suis levée; j'ai été à elle. Elle m'a dit qu'on n'attendait que moi pour partir; elle a voulu me ramener au château. « Le sacrifice est consommé. Si je rentre « là, il faudra le renouveler. Assez, as- « sez de mal, Jeannette. » Je me suis assise de nouveau; la bonne fille s'est éloignée. Bientôt j'ai entendu le fouet du paysan, qui nous mène à petites journées; la calèche s'est arrêtée devant moi. « Adieu donc, ai-je dit, « adieu pour toujours. »

J'étais avec Jeannette sur le devant de la calèche. Je regardais les murs d'enceinte et la cime des arbres du parc, qui paraissaient reculer devant moi. J'avançais la tête pour les voir plus long-temps. Bientôt je les ai perdus dans un horizon vaporeux qui s'épaississait à chaque instant. Forcée de me replier sur moi-même, j'ai porté toutes mes affections sur mon sachet et ce portrait. J'ai pensé qu'on peut se consoler de ses pertes, quand il reste beaucoup. J'ai mis la main sur ces objets précieux ; je les ai pressés sur mon pauvre cœur, et il a été soulagé. Le grand air, des sites nouveaux, des scènes champêtres m'ont distraite assez pour que je pusse suivre une conversation peu attachante et souvent interrompue. Jeannette seule cherchait à l'animer et à la soutenir. La digne fille nous voyait tous plus ou moins affligés ; elle nous parlait de choses assez insignifiantes ; mais on était forcé de l'écouter, de lui répondre : on avait donc quelques momens de relâche.

On marche jusqu'à ce que les chevaux aient besoin de se rafraîchir. On déjeûne, on dîne. Le soir on soupe et on se couche tristement, pour faire les mêmes choses le lendemain. En me mettant au lit, en me levant, je prends le portrait du bien-aimé, je l'approche de mes lèvres, je lui donne quelques larmes, et je le replace sur mon cœur.

Claire, Claire ! je demande le nom de la ville où nous allons arriver : c'est Versailles. Demain nous tournons autour de Paris, pour gagner la barrière l'Enfer, et prendre la route de Longjumeau ! Parcourir extérieurement l'enceinte qui le renferme, et ne pouvoir pas y pénétrer ! Le savoir si près de moi et ne pas le voir ! Quel supplice ! J'ai parlé de toi, du désir de t'embrasser en passant, de la reconnaissance que m'inspirerait cette faveur. M. de Méran m'a répondu par un regard sévère. Je n'ai plus rien, rien absolument à espérer.

Jeannette me regarde d'un air de mystère; elle me presse légèrement la main. Que médite-t-elle? Obtiendrai-je de cette fille la pitié que mon père me refuse? Ah! que dis-je? Il a raison. Me permettre de voir Jules, c'est fournir de l'aliment au feu qui me dévore.... Il me serait pourtant si doux de le voir un moment, un seul moment! Je donnerais, pour l'obtenir, le reste d'une vie que je ne puis lui consacrer... Non, je ne l'obtiendrai pas : je gagnerais tout à le voir et à mourir.

Nous voilà dans cette ville, jadis si brillante, dit-on, et maintenant dépouillée de sa splendeur. Ainsi se flétrit la jeunesse. Bientôt il ne me restera rien de cette fraîcheur, de ces charmes qu'idolâtre Jules, et qu'entretenait l'espoir d'une inaltérable félicité. On me propose une promenade dans le parc. Qu'y verrai-je? rien, puisque le bien-aimé n'y est pas. Jeannette me fait un signe imperceptible, et je prends le bras de M. de Méran.

Non, je ne vois rien. Tout cela peut être très-beau pour qui peut se livrer à une imagination féconde et brillante. Je n'ai plus qu'un cœur, et des allées symétriques, des nappes d'eau régulières, des statues ne lui disent rien.

Nous rentrons, assez fatigués. Espérez, me dit Jeannette, en passant près de moi. L'espérance! Ah! jamais elle ne peut renaître, et c'est là le dernier degré du malheur. *L'espérance n'entre point ici*, a écrit le Dante sur la porte des enfers.

Je soupe, je me couche, je dors, je m'éveille, je baise ce portrait, je pleure sur lui, la nuit se passe, je remonte en voiture. Mes yeux cherchent Paris. Je ne le découvre pas; mon cœur le sent. Nous arrivons sur la hauteur de Sèvres.

Les monumens de cette ville immense se présentent tout-à-coup. Un feu brûlant me monte au visage; bientôt un frisson me saisit; ma voix s'altère; ma respiration est gênée; je ne vis plus, Claire; je suis toute à l'amour malheureux. Espérez, m'a dit Jeannette..... Se trouvera-t-il sur le chemin? Le verrai-je en passant? Qu'il n'ajoute pas à ce que je souffre, en se montrant pour disparaître aussitôt.

Et malgré ce vœu bien sincère, je voudrais percer les murs épais qui sont devant moi ; je fatigue mes pauvres yeux à force de le chercher, même où je sais qu'il ne peut être. Je ne vois rien.

Nous passons un pont, dont les dessous sont en fer. Nous entrons dans un vaste terrain : c'est, dit-on, le Champ-de-Mars. Je ne vois rien.

Nous prenons une large et longue allée : ce sont les boulevards neufs. Je ne vois rien, je ne vois rien.

Espérez, m'a dit Jeannette. Ah! sans doute elle lui a écrit hier pendant que nous étions dans le parc de Versailles. Il sait que je suis sous les murs de Paris, et je ne le vois pas! Quoi, il compte pour quelque chose M. d'Estouville et le monde! Quoi, son cœur ne s'élance pas au-devant du mien! Quoi, il n'est pas capable de ce que je ferais pour lui, si je ne craignais d'affliger les plus respectables parens! Il n'a pas de père, lui, et il balance! Ah! il n'aime plus, il n'a jamais aimé. Il ne connaît pas ce dévouement absolu, qui sacrifie à l'objet adoré, fortune, honneur, existence. Homme ingrat et cruel, je te désire, je t'appelle, et je ne te vois pas!

Non, non, il n'est pas ingrat, il n'est pas cruel; il est prudent pour nous deux. M. et madame de Méran examinent attentivement tous ceux qui passent auprès de nous. Ils cherchent Jules sous la bure du paysan, sous le sarrau du charretier. Quelque déguisement qu'il ait pris, il serait reconnu, et l'explosion serait terrible. Et je l'accuse! Ma bonne Claire, quand tu recevras ce paquet, dis-lui que je me répens, que je lui demande pardon.

Il me semblait tenir encore à lui par cette enceinte même que nous suivions. C'en est fait, nous voilà séparés à jamais; je suis sur la grande route qui conduit aux Pyrénées, où je vais m'ensevelir.

Nous arrêtons à un village qu'on appelle Mont-Rouge. Pendant qu'on prépare le déjeuner, je vais cacher ma peine sous une tonnelle, qui est au fond du jardin. Jeannette me suit et me rend un billet que vient de lui remettre Firmin. Firmin! je m'y perds.

Le billet est adressé à Jeannette. Il est du bien-aimé.

« Je vous remercie, ma chère Jeannette, de l'avis que vous me donnez; mais je n'en profiterai pas. Un honnête homme ne transige jamais avec sa parole, et voir une demoiselle à qui on a promis de ne plus écrire, serait manquer d'une manière dérisoire à ses engagemens. Que dirait-on de quelqu'un qui, ayant juré de ne pas entrer dans une maison qu'habite un objet adoré, y jetterait des brandons enflammés pour l'en faire sortir ? Aurait-il, ou non, violé son serment ?

« Je ne vous parle pas de ce que je souffre en cédant à la voix de l'honneur. Mademoiselle de Méran seule peut s'en faire une idée. Les obstacles, les vues de mon oncle me la rendraient plus chère, si mon amour pouvait croître encore. Elle aura mon dernier soupir.

« J'ai pris Firmin et Ambroise à mon service. Le soir et le matin je leur parle d'Adélaïde ; je parle d'elle pendant le jour à M. et à madame de Villers ; je m'occupe d'elle pendant la nuit, et si le sommeil ferme ma paupière, il mé retrace son image adorée. Ainsi je suis tout à elle, sans réserve, sans cesse, sans aucun intervalle. »

Quel homme, Claire ! Il me force à joindre l'admiration à l'amour, à l'estime ; à reconnaître en lui toutes les vertus qui honorent l'humanité. Que je suis petite auprès de lui ! Ah ! qu'au moins on sache ce qu'il vaut. Que M. et madame de Méran l'admirent avec moi. « Viens, viens, Jeannette, je cours leur « faire lire ce billet. — Vous allez me « perdre, mademoiselle. — Tu as rai- « son, et que deviendrais-je si je ne t'a- « vais plus ! » J'ai serré ce billet dans mon sein. Je l'en tire quand je suis seule ; je le relis à la dérobée, et je me sens plus grande à chaque fois que je l'ai relu.

Digne et cher ami ! Il a recueilli Firmin et Ambroise. Il sait quel intérêt je leur porte ; c'est à moi que s'adresse le bienfait, et il a la générosité de n'en rien dire ! Oui, je m'éleverai jusqu'à lui, en lui rendant un culte plus pur. C'est ainsi qu'on se rapproche du grand être, dont il est le plus parfait ouvrage. Ces idées sublimes, en lui imprimant un caractère divin, me calment insensiblement. Je les entretiens avec soin, parce que je vois leurs effets contribuer essentiellement au repos de M. et de madame de Méran. Nous causons avec une sorte de facilité; nous suivons même des idées abstraites. En sortant d'Orléans, mon père peignait le beau idéal physique et moral. « C'est Jules, me suis-je écriée, » et levant mes yeux vers un ciel dégagé de nuages; les y fixant; étendant mes bras comme pour l'invoquer : « il est là, « mon père ; il est là, maman. Il plane, « il veille sur nous. Jules, protége-moi. »

M. et madame de Méran se sont regardés d'un air d'affliction qui m'a pénétrée. « Non, leur ai-je dit, ma raison « n'est pas aliénée; ne le craignez pas. « Mais Jules est plus qu'un homme. En

« l'élevant à une hauteur infinie au-des-
« sus de moi, je ne fais que lui rendre
« justice, et c'est ainsi que je me soustrais
« à l'empire de mes sens; c'est ainsi que
« j'ennoblis le sentiment qui m'attache
« à lui. Sa pureté seule pouvait écarter
« de moi les orages; je suis tranquille,
« vous le voyez, mon père. »

Ils se sont regardés encore, et ils ont souri. Ah ! quel bien m'a fait ce sourire-là !

Il nous est arrivé à Montauban un événement bien agréable, et cependant fort extraordinaire. Je te dirai ce que j'en pense, Claire, quand je te l'aurai raconté.

Fatigués par une marche de douze heures, nous prenions le frais à la porte de l'auberge, sous des tilleuls touffus et du plus beau vert. Deux bancs à dossier invitaient les voyageurs à partager avec nous les agrémens de la soirée, et deux hommes bien mis se sont placés sur celui dont ils pouvaient disposer. La conversation languit entre les membres d'une même famille, qui trouvent rarement quelque chose de nouveau à se dire; un étranger qui survient y répand nécessairement de la variété. Ceux-ci paraissaient bien élevés, et d'une gaîté franche. C'est ainsi que les a jugés mon père, après les avoir écoutés quelque temps.

Il leur a enfin adressé la parole. On a d'abord épuisé les lieux communs sur le chaud et le froid, la pluie et le beau temps. Ensuite on est venu, selon l'usage, à des questions directes. « Ces « dames et monsieur viennent probablement de Paris? — Oui, monsieur. — Nous y allons. Une affaire importante « nous y conduit. — Affaire commer« ciale, probablement? — Oui, et non. « Commerciale pour moi, et d'un inté« rêt bien supérieur pour celle qu'elle « regarde principalement. — Voilà une « énigme. — Oh, monsieur, je vous en

« donnerai le mot. Une demoiselle de
« Toulouse, jeune, jolie, comme ma-
« demoiselle; aimable, comme made-
« moiselle l'est sans doute, se marie
« incessamment avec un jeune homme
« très-riche qu'elle aime, et dont elle
« est tendrement aimée. » Qu'elle est
heureuse! ai-je dit tout bas à ma mère.

Le voyageur a repris. « Mademoiselle
« d'Amicourt aime la parure, c'est bien
« naturel, et M. Du Peyrail est généreux.
« Il est venu chez moi, en qui vous
« voyez, monsieur, le joaillier le mieux
« assorti de Toulouse. — Je commence
« à comprendre. M. Du Peyrail n'a pas
« trouvé chez vous ce qu'il désirait.
— Il m'a ordonné de partir à l'instant
« pour Paris, et de m'y adresser dans
« les plus fortes maisons. Voilà les des-
« sins que nous avons arrêtés ensemble. »

Il est difficile à une jeune personne,
devant qui on parle parure, de ne pas
prêter une oreille plus ou moins atten-

tive. Je me suis levée assez machinalement pour jeter un coup d'œil sur ce dessin. « Hé, mais... voyez donc, ma-
« man, comme cela ressemble à la mon-
« ture de vos pierreries ; il n'y a presque
« pas de différence. — Madame a des
« diamans de cette beauté-là, et montés
« dans ce genre? a repris le joaillier. Il
« est fâcheux pour moi qu'ils ne soient
« pas à vendre : je serais dispensé de
« finir un voyage long encore, et je sur-
« prendrais agréablement M. Dupeyrail,
« toujours impatient de jouir. »

En écoutant cet homme, en le regardant avec plus d'attention, il m'a semblé l'avoir vu, l'avoir déjà entendu... je ne me rappelais pas où. M. de Méran a dit quelques mots à l'oreille de ma mère, qui lui a répondu par un signe d'approbation. « Venez, monsieur, a-t-il dit au
« joaillier ; je vais vous montrer une pa-
« rure assez inutile aujourd'hui, mais
« dont vous voudrez bien m'indiquer

« la valeur réelle. » Nous sommes rentrés, et en montant chez nous, j'ai remarqué sur la figure du joaillier un air de satisfaction qui m'a portée à l'examiner de plus près.

Mon père a ouvert l'écrin devant lui. « Voilà qui est magnifique, s'est-il écrié. « Il n'y a en effet presqu'aucune diffé-
« rence de ce dessin au mien, et quoi-
« que j'en sois l'auteur, j'avoue fran-
« chement que je préfère le vôtre : il a
« quelque chose de plus élégant, de plus
« léger. — Eh bien, monsieur, à com-
« bien estimez-vous ces pierreries? »
Le joaillier les a examinées attentivement les unes après les autres; il a loué beaucoup; blâmé peu, et enfin il a déclaré que cet écrin valait environ soixante mille francs. « Hé, monsieur,
« s'est écrié mon père à son tour, il n'en
« a coûté que trente. — En quelle année,
« monsieur, l'avez-vous donc acheté?
— Mais... en 1792. — Monsieur, mon-

« sieur, les diamans ont doublé de va-
« leur depuis cette époque. — Vous êtes
« bien sûr de cela, monsieur? — Sûr
« au point que si monsieur voulait soi-
« xante mille francs de son écrin, je les
« lui compterais tout-à-l'heure. — Et
« vous êtes joaillier, monsieur? — Oui,
« monsieur, de père en fils. — On peut
« donc traiter avec vous sans manquer
« à la délicatesse? — Très-certainement,
« monsieur. — Avant de pousser les
« choses plus loin, je vous dirai cepen-
« dant que j'ai porté cette parure à Pa-
« ris, il y a au plus six semaines. Je l'ai
« fait évaluer par deux bijoutiers avan-
« tageusement connus ; le premier l'a
« estimée vingt-huit mille francs, et le
« second vingt-cinq. — Ce sont des fri-
« pons, des fripons insignes, qui veulent
« gagner deux cents pour cent sur cha-
« que affaire. Dans ma famille nous nous
« bornons à un modique bénéfice. Nous

« ne faisons pas notre fortune, il est
« vrai; mais nous jouissons de l'estime
« publique, et la confiance de M. Du
« Peyrail prouve ce que j'avance. Voilà,
« monsieur, son plein-pouvoir; prenez,
« lisez. »

Mon père et ma mère se sont retirés à l'écart. Ils se sont parlé avec assez de vivacité et se sont rapprochés de nous. « Réellement, monsieur, a repris M. de
« Méran, vous donneriez soixante mille
« francs de cet écrin? — A la minute,
« monsieur. — Comptez la somme. »

Le joaillier a dit un mot à son compagnon, qui est sorti et rentré presque aussitôt, chargé d'une lourde cassette. Les soixante mille francs ont été comptés en or, et le fond de la cassette m'a paru encore assez passablement garni. « Vous voudrez bien, monsieur, me
« donner un reçu, d'après lequel je jus-
« tifierai à M. Du Peyrail de l'emploi de

« ses fonds : il m'accordera le bénéfice
« qu'il jugera convenable. — C'est trop
« juste, monsieur. »

Pendant qu'on comptait, que maman serrait les espèces, que mon père écrivait, je regardais cet homme, et je me confirmais de plus en plus dans l'idée que je l'avais déjà vu. Il m'était impossible de me rappeler où. Il fallait pourtant que ce fût au château que nous quittons, ou chez M. Rigaud, puisque, pendant deux ans, je n'ai pas dépassé les limites de ces deux terres.

Mon père l'a invité très-poliment à souper avec nous. Il a remercié et a dit qu'il allait remonter en voiture, et courir une partie de la nuit, afin de pouvoir demain, de très-bonne heure, présenter son acquisition à M. Du Peyrail. Il est sorti en effet. Nous l'avons vu de notre balcon monter dans sa chaise de poste, et reprendre le chemin de Toulouse.

Il y avait treize jours que nous allions à petites journées, et cet accroissement inattendu de fortune semblait nous autoriser à voyager d'une manière moins économique. Les frais d'auberge d'ailleurs étaient considérables, et en ajoutant quelque chose à ce qu'on payerait encore pour cet objet, nous pouvions prendre la poste, et arriver en trois jours à Tarbes. J'en ai fait la proposition. M. de Méran m'a répondu qu'une marche plus rapide incommoderait ma mère; qu'elle n'avait jamais couru la poste sans éprouver des étourdissemens, des maux de cœur. Je n'ai pas insisté.

L'hôtesse est venu savoir si nous voulions être servis chez nous, ou manger à table d'hôte. M. de Méran lui a demandé avec qui nous y serions. « Avec « un président, un riche fabricant de « Toulouse, et un officier de marine « qui va à Paris. — Eh bien, nous sou-

« perons à table d'hôte. Cela dissipera
« Adèle. »

Mon père, extrêmement satisfait du marché qu'il venait de conclure, avait fait passer dans mon âme quelque chose du contentement qu'il éprouvait; ma mère le partageait bien vivement. Nous voyions notre habitation réparée; un joli mobilier remplacer les meubles riches, mais antiques, que nous avons vendus; la petite terre remise en valeur. De la modération dans les désirs; point de relations avec les voisins opulens, et il est possible encore de vivre dans une sorte d'aisance.

Il est difficile de ne pas revenir constamment à l'idée qui nous occupe exclusivement. Etrangers à ceux avec qui nous étions à table, nous parlions du bijoutier de Toulouse et de sa rare probité. Nous nous entretenions très-généralement et assez brièvement des améliorations à faire à un bien que nous ne connaissions pas encore, et nous paraissions revenir de concert tous les trois à notre honnête joaillier. Le président, ennuyé probablement d'entendre toujours parler de cet homme, a fini par demander son nom. « Jonas, a « répondu M. de Méran. — Il n'y a pas « de Jonas, joaillier à Toulouse. — « Ceci est un peu fort, monsieur. Je « viens de lui signer le reçu du prix d'un « assez bel écrin que je lui ai vendu.

« Eussiez-vous signé trente quittances, « monsieur, il n'y aurait pas pour cela « de Jonas, bijoutier à Toulouse. J'en « appelle à monsieur, qui est de cette « ville comme moi. » Le fabriquant a répondu par un signe négatif, afin de ne rien perdre d'un temps très-agréablement employé par lui.

« Il en sera ce qu'il vous plaira, mes« sieurs, a repris mon père. Mais M. « Jonas est un parfait honnête homme. « — Je ne nie pas cela, monsieur; mais

« je soutiens qu'il n'est pas bijoutier à
« Toulouse.—. Et probablement, mon-
« sieur, vous n'y connaissez pas da-
« tage M. Du Peyrail, jeune homme ai-
« mable, riche?.... — Non, monsieur,
« je ne le connais pas. — Qui se marie
« au premier jour avec mademoiselle
« d'Amicourt, fille charmante, à ce que
« dit M. Jonas. — M. Jonas, M. Du
« Peyrail, mademoiselle d'Amicourt!...
« Que signifie ce galimatias ? — Gali-
« matias ? dites-vous. Prenez garde,
« s'il vous plaît, monsieur, au choix de
« vos expressions. — Finissez ces mau-
« vaises plaisanteries, et apprenez,
« monsieur, que vous parlez au prési-
« dent du tribunal de première instance
« de Toulouse. — Et vous, monsieur,
« au comte de Méran, ancien chef d'es-
« cadre, cordon-rouge, commandant
« la marine à Brest, descendant de l'a-
« miral Bonnivet, allié aux Guises,
« aux Rohans et aux Montmorencys. »

Je t'avoue, Claire, que j'ai vu avec un sensible plaisir l'hommage rendu à un nom justement célèbre. Avant que mon père ait parlé de l'amiral Bonnivet et des Montmorencys, l'officier de marine, et, à son exemple, le président et le fabriquant se sont levés, et lui ont adressé une profonde inclination. Dès ce moment, il n'a plus été question de pointiller. On est entré de bonne foi dans les détails de la vente de l'écrin, et il est demeuré constant pour moi que le prétendu Jonas a imaginé une histoire pour faire accepter à mon père trente mille fr. au-delà de la valeur des diamans. « Quel que soit cet homme, a
« repris M. de Méran, j'ai vendu de
« bonne foi et ma conscience est tran-
« quille.— Vous avez vendu de bonne
« foi, M. le comte, a répondu le prési-
« dent, c'est fort bien; mais il y a d'adroits
« filous partout. Si celui-ci vous avait
« payé en fausse monnoie ?... » Mon

père s'est pincé les lèvres; maman a pâli; moi, j'étais tranquille; je commençais à voir clair.

On a envoyé chercher un orfévre. On lui a fait toucher et peser une trentaine de pièces prises au hasard. Il les a déclarées être de bon or, et c'est alors que ma mémoire infidèle a commencé à me servir. Je me suis rappelé un homme qu'on disait être un tapissier de Paris, qui, mêlé dans la foule des acheteurs et des curieux, poussait à un prix extravagant la moindre bagatelle mise en vente au château; c'est ainsi que notre mobilier a été poussé aussi haut. Cet homme portait alors une perruque et une veste brune; ici, il était en cheveux et dans un déshabillé élégant; voilà toute la différence, et bien certainement c'est le même individu.

Il est facile de deviner la main d'où partent ces fonds. Je me garderai bien d'éclairer mon père : sa fierté lui ferait regretter des dédommagemens, que je regarde, moi, comme une restitution légitime de ce que Jules lui a coûté. Remercie-le pour moi d'avoir déterminé son oncle à être juste, parce qu'il m'est permis maintenant de l'estimer. Ma reconnaissance envers le bien-aimé ne s'étend pas plus loin. Sa tendre sollicitude envers nous, son empressement à nous soulager, l'adresse et la décence qu'il a mises dans l'exécution, sont de ces choses que mon cœur ne compte pas, parce que je les aurais faites comme lui, si j'étais à sa place, et que comme lui j'aurais été heureuse de les faire. Ce que je compte, ce que je compterai éternellement, c'est de s'être arraché de mes bras, d'avoir fui, lorsqu'ivre d'amour et de desirs, je lui ai dit : *achève*.... Voilà, Claire, l'héroïsme de l'amour, le terme le plus élevé, où puisse atteindre la vertu humaine.

Je passe la nuit à t'écrire. Demain, je remettrai ce paquet à Jeannette, et je dormirai dans la calèche à côté d'elle.

CHAPITRE II.

On arrive à Velzac.

Après vingt-deux jours de route, nous sommes arrivés à Tarbes. Mon premier soin a été d'envoyer Jeannette s'informer à la poste s'il n'y avait pas de paquet à son adresse. Mon espoir et le plus doux pressentiment n'ont pas été déçus. Ma bonne, mon excellente amie, avec quel empressement et quel plaisir j'ai lu les détails que tu me donnes. L'amitié est bien loin de l'amour ; mais je crois qu'elle s'identifie avec lui, quand elle lui sert de soutien : jamais, Claire, je ne t'ai aimée autant que depuis que tu me parles de l'objet de tous mes vœux.

Il accorde à son oncle au-delà de ce que lui prescrivent la bienséance et les liens du sang ; dis-lui que je l'en loue. Le jeu, les spectacles, les femmes n'ont pour lui nul attrait; il passe chez toi tous les momens dont il peut disposer; il ne se lasse pas de parler de son Adèle; je le conçois. Tu n'es jamais fatiguée de l'entendre ; cela fait plutôt ton éloge que le mien. Il a refusé une orpheline jeune, jolie, immensément riche ; crois-moi, ce sacrifice ne lui a rien coûté. L'offre d'un trône ne m'ébranlerait pas, si Jules n'y était assis. Je n'ai rien refusé encore et je ne présume pas que dans les Pyrénées je puisse jamais lui rendre ce qu'il a fait pour moi. Mais je suis certaine qu'il juge mon cœur d'après le sien : il sait qu'il n'est pour moi qu'un homme au monde, comme je suis assurée d'être tout pour lui.

Il vient d'être nommé auditeur au Conseil-d'État. Je le prie, Claire, de remplir avec exactitude des fonctions qui doivent le mener à une place plus importante. Que je lui appartienne, ou non, je serai fière dans tous les temps de le voir investi de l'estime et de la considération publique : la gloire qu'il aura méritée, me sera commune avec lui. J'en jouirai dans le secret de mon cœur, si je ne peux l'avouer hautement.

Tu ne me dis rien de ce que nous lui devons! une fausse modestie l'a-t-elle empêché de t'en parler, ou croit-il que ses dons puissent m'humilier? L'amour ennoblit tout, et je ne sais quel est le plus heureux de celui qui donne, ou de celle qui reçoit. Ceci pourrait être l'objet d'une longue discussion.

Je reviens à notre arrivée à Tarbes. C'est une ville irrégulière, mais située dans une belle plaine qu'arrose l'Adour. Dans une rue assez étroite, nous avons été arrêtés par une chaise de poste, qui s'est croisée avec notre calèche. Mon père a reconnu aussitôt M. Jonas, et l'a appelé par son nom. M. Jonas l'a salué avec une sorte d'embarras, et lui a dit qu'il venait de Bagneres, où sa femme prend les eaux, et qu'il retournait à Toulouse. M. de Méran allait lui parler de ce qu'il a appris du président, lorsque les deux voitures se sont détachées. Le postillon de M. Jonas a fouetté ; il est parti au galop. Mon père s'est borné à faire quelques observations assez légères sur cet individu, auquel il a, sans s'en douter, des obligations, que moi-même peut-être je ne connais pas encore dans toute leur étendue. En effet, que vient de faire à Tarbes ce prétendu Jonas ? Je ne crois pas plus qu'il ait une femme à Bagneres, qu'une boutique de joaillerie à Toulouse.

Maman m'a regardée d'un air qui voulait dire : ce Jonas ne serait-il pas l'agent principal de M. d'Estouville et de Jules? En sais-tu quelque chose, Adèle? Je n'ai pas proféré un mot, et les choses en sont restées là.

A peine étions-nous descendus de voiture, que mon père a envoyé chercher son fondé de pouvoirs. Il est accouru aussitôt. C'est un homme bien élevé et très-aimable, qui a protesté qu'il ne nous laisserait pas à l'auberge et qu'il ne parlerait d'affaires que chez lui. Ses instances portaient l'empreinte d'un intérêt si réel, que maman a accepté sa main sans balancer. Mon père et moi les avons suivis, après avoir recommandé à Jeannette de ne pas s'éloigner de la chambre où notre petit trésor était déjà enfermé sous deux tours de clef.

Les complimens d'usage faits et reçus, mon père a parlé du lieu que nous allons habiter. Cet antique et modeste domaine est situé à mi-côte près du village de Velzac. La vue est très belle, et le jardin descend jusque sur la rive de l'Adour. Cette terre, morcelée depuis long-temps, était sous Charles IX un marquisat, qui dès-lors appartenait aux ancêtres de madame de Méran. Il existe encore dans la première enceinte deux tours, qui défendaient les approches d'un château, dont il ne reste plus de vestiges, et entre lesquelles on avait jeté sur l'Adour un pont que le temps a également détruit. On remarque encore sur une de ces tours les armes des marquis de Montcenay. Ces particularités ont paru faire plaisir à M. de Méran.

Il a parlé de suite de la restauration de ces tours, monumens qui prouvent une antique noblesse. Maman a répondu d'un ton timide qu'il était possible d'employer plus utilement la modique somme qui nous reste. Mon père n'a pas insisté. Mais l'homme d'affaires, M. Dupont, a dit que ces tours n'étaient presque pas dégradées, et qu'il avait cru pouvoir prendre sur lui de les faire réparer et de mettre sur celle qui est à droite les armes de M. le comte de Méran. Mon père a beaucoup loué l'intelligence de M. Dupont, et lui a serré la main avec affection.

Maman a fait quelques questions sur l'état de la maison, et elle a observé très-judicieusement que cette partie de notre propriété est bien aussi intéressante que des écussons et des créneaux. M. Dupont a répondu que du moment où il a su que nous venions habiter Velzac, il s'est empressé de faire travailler partout, et qu'il s'applaudit d'avoir fait assez de diligence pour nous éviter l'embarras des ouvriers.

« Mais, monsieur, a repris mon père,
« vous m'avez écrit, il y a quelques mois,
« que les bâtimens étaient totalement dé-
« gradés, et il me semble que vous auriez
« dû avant que d'agir m'envoyer un aper-
« çu des dépenses, et attendre mes ordres.

— La maison a moins souffert, mon-
« sieur, que je l'imaginais. J'ai conduit
« un maçon sur les lieux, je lui ai fait
« faire un devis, et la modicité du prix
« m'a déterminé à passer sur les usages
« reçus. Le total des mémoires ne monte
« qu'à quatre mille et quelques cents li-
« vres, et vous n'avez absolument d'au-
« tre dépense à faire, pour être logé
« agréablement et commodément, que
« celle des meubles que vous jugerez
« convenable d'acheter ici. »

Quatre mille francs, ai-je pensé, pour rétablir une maison et deux tours que M. Dupont écrivait, il y a quelque temps, être à peine couvertes ! Il y a encore du Jonas dans cette affaire-ci.

Dis au bien-aimé que j'entends, que je veux qu'il s'arrête là. Je crois que mon père est au moins couvert de ce qu'il a dépensé pour lui, et il ne convient pas que M. de Méran reçoive rien de M. d'Estouville.

On a parlé ensuite du produit des terres; elles rapportent net sept mille francs. Une basse-cour, un verger, un jardin avec cela; nous vivrons.

M. Dupont a proposé d'aller, en attendant le souper, chez quelques marchands de meubles. Mon père, décidé à nous établir demain à Velzac, si la chose est possible, a accepté volontiers la proposition. Il a réfléchi aussitôt que ces sortes d'acquisitions ne regardent pas un homme, et surtout un homme comme lui; il m'a invitée à accompagner maman, et il a prié M. Dupont de nous donner quelqu'un pour nous conduire.

Quand on a la clé d'une affaire on en pénètre aisément les détails. M. Dupont a eu un moment d'embarras qui ne m'a point échappé. J'en ai conclu qu'il ne comptait pas rester chez lui; qu'ainsi il ne lui était pas égal qu'on nous conduisît chez le premier tapissier. Forcé cependant de tenir compagnie à mon père, il a tiré à part une parente avec qui il demeure, et après lui avoir, probablement, donné ses instructions, il nous a engagées à la suivre. Il est clair d'après toutes ces observations que Jonas, que nous avons rencontré à Tarbes, n'y est venu que pour se concerter avec M. Dupont.

Ne te le disais-je pas? mademoiselle Sophie nous a d'abord conduites chez deux ou trois marchands, chez qui nous n'avons rien trouvé qui pût nous convenir. Nous sommes enfin entrées dans un vaste magasin, où il semblait qu'on eût un état des objets qui nous étaient nécessaires. Tout était classé de façon à ce que nous n'eussions qu'à passer de l'ameublement complet d'une chambre à un autre, à écrire les choses et les prix. En une heure au plus nous avons acheté un mobilier aussi nombreux, simple, mais de meilleur goût que celui du château, et le tout ne va qu'à trois mille francs. Je m'attendais à cela, et maman, très-surprise d'abord du bon marché qu'on nous faisait, a fini par me dire à l'oreille : « ne devines-tu rien, « ma fille? — Il y a long-temps que j'ai « tout deviné, maman. — Ton père, « étranger aux affaires et aux soins d'une « maison, n'a pas d'idée encore de ce « qui se passe. Prends garde qu'il t'é- « chappe un mot. »

Le marchand nous a proposé très-obligeamment de faire emballer nos meubles dans la soirée, et un roulier, qui avait l'air de se promener dans la rue, s'est arrêté enfin devant le magasin. Il s'est approché de nous insensiblement; il a d'abord hasardé quelques mots ; puis il nous a dit d'un ton naïf, qu'il venait charger à Tarbes des marchandises qu'on ne pouvait lui livrer avant trois jours, et que si ces meubles ne devaient pas aller loin, il nous demandait la préférence. Le fripon en connaissait la destination aussi bien que nous.

A peine avons-nous eu accepté ses services, que nous avons vu arriver un menuisier, ses garçons, et une charrette chargée de caisses de toutes dimensions. Ces à-propos répétés auraient infailliblement éclairé mon père, s'il eût été avec nous.

Nous avons engagé le marchand à venir recevoir son argent; il nous a répondu qu'il restait pour accélérer les emballages et le chargement, et qu'il aurait l'honneur de nous voir le lendemain matin. Un homme qui ne nous a jamais vues, et qui laisse enlever ses meubles avant d'avoir touché un écu! Jonas manque de jugement, ou ses ordres sont exécutés par des maladroits.

En retournant chez M. Dupont, nous avons parlé maman et moi des procédés de M. d'Estouville. Nous nous sommes demandé si la délicatesse nous permettait d'accepter quelque chose d'un homme qui ne sait donner que de l'argent, et qui refuse ce qui ferait mon bonheur, celui de Jules, de mes parens, et peut-être le sien. Nous convenions l'une et l'autre que M. de Méran, dépouillé de sa fortune, pouvait reprendre ce qu'il a donné dans des temps plus heureux ; mais il est difficile de déterminer ce que Jules lui a coûté, et ce que M. d'Estouville a dépensé pour nous. Nous sommes tombées d'accord sur ce point : que maman écrira au bien-aimé ; qu'elle le priera d'empêcher son oncle d'aller au-delà de ce qu'il a fait jusqu'ici, et que, s'il n'a pas égard à sa prière, elle déclarera tout à M. de Méran, qui ne manquera pas de renvoyer les choses dont il pourra disposer.

Ce soir, en entrant dans la chambre que M. Dupont m'a donnée, je me suis occupée, avant de t'écrire, d'un calcul approximatif. Jules a été quinze ans chez nous, et j'évalue sa dépense à mille écus par année; cet article monte donc à quarante-cinq mille francs. M. d'Estouville peut en avoir perdu quatre ou cinq mille sur le mobilier du château; il en perdra trente mille sur les diamans. Il reste, pour arriver aux quarante-cinq mille francs, dix à douze mille livres employées en réparations, et données d'avance au tapissier de Tarbes. Jusqu'ici je ne vois qu'une restitution, et je ne crois pas que nous ayons à nous plaindre; mais, je te le répète, Claire, je défends expressément au bien-aimé d'ajoujouter la moindre bagatelle à ce qu'il a fait pour nous. Je ne le menace point, s'il va contre mes ordres, de me brouiller avec lui; il ne m'en croirait pas. Mais dis-lui bien qu'il m'affligerait sérieusement, et il s'arrêtera. Il doit sentir que nous sommes au-dessus du besoin; il doit craindre de blesser la fierté de mon père, et il me connaît assez pour savoir que ma richesse est dans son amour.

Nous avons fait en très-peu de temps les deux lieues de Tarbes à Velzac. Le roulier, parti de très-grand matin, est arrivé en même temps que nous, et nous avons fait une entrée, sinon triomphale, au moins très-agréable. L'habitation est riante, elle se présente bien, et les deux tours ont un aspect imposant qui a fait sourire mon père. Nous avons passé un pont-levis jeté sur un fossé sec, et par conséquent fort inutile; mais M. de Méran a appris avec beaucoup de satisfaction du jardinier, qu'il est très-facile d'y faire entrer l'eau de l'Adour. Ce jardinier est un garçon de bonne mine, que M. Dupont a employé à remettre le jardin en culture, et qui espère, a-t-il dit, que M. le comte le gardera à son service, quand il aura vu quel parti il a tiré du terrein.

Mon père et ma mère, occupés à faire

décharger et placer les meubles d'après la distribution intérieure, ne donnaient aucune attention aux détails; moi, j'examinais tout attentivement. Il n'y a de réparations apparentes que sur les murs extérieurs; des papiers frais cachent le reste, et de la couleur, nouvellement appliquée, couvre des menuiseries qui sans doute sont neuves. Il était déjà évident, pour moi du moins, qu'on a dépensé ici beaucoup au-delà de ce que portent les mémoires de M. Dupont.

En allant et venant, je suis entrée dans une chambre, qui touche à celle que maman a prise pour elle. J'ai été frappée de sa parfaite ressemblance avec celle que j'occupais au château. Même distribution de la chambre et des deux cabinets, mêmes papiers, mêmes nuances de couleur sur les portes et les croisées, et ce qui a comblé ma surprise, c'est d'y avoir trouvé des meubles absolument semblables aux miens, et qu'après un long et minutieux examen, j'ai reconnu être les mêmes. M. de Méran s'est récrié comme moi. Le jardinier nous a dit avoir rassemblé ces meubles de toutes les parties de la maison. Il les a mis dans cette chambre, parce qu'elle lui paraît convenir à une jeune demoiselle, et qu'il lui semble raisonnable de réserver les meubles neufs pour monsieur le comte et madame la comtesse. M. de Méran a bien voulu croire que ces meubles existassent dans une maison, dont les murs se tenaient à peine debout, il y a deux mois. Mais je crois qu'il serait dangereux de mettre sa crédulité à de nouvelles épreuves.

Ainsi, Claire, j'ai recouvré, grâces au bien-aimé, ce grand fauteuil bleu, où je travaillais, et dans lequel il se mettait avec tant de plaisir, quand je ne l'occupais pas; j'ai toutes ces chaises en tapisserie, sur lesquelles je l'ai vu alternativement assis; je retrouve ces rideaux de lit sous lesquels lui, toi, moi, nous sommes si souvent cachés pendant notre enfance ; voilà le secrétaire dans lequel étaient ses lettres : je viens de les y replacer. Il n'y a rien ici qu'il n'ait touché et qui ne me soit précieux. Chambre chérie, où sans cesse je le retrouve, je ne te quitterai plus. Voilà, Claire, voilà de ces choses dont mon cœur lui tient compte, parce que l'amour parfait, prévenant, délicat, a pu seul deviner mes plus secrètes pensées et prévoir la douce impression que les objets produiraient sur moi. Adresselui les expressions de la plus sincère, de la plus vive reconnaissance. Hélas ! je ne peux pour lui que l'adorer ; mais si mon amour extrême, constant, inébranlable suffit à son bonheur, il est le plus heureux des hommes.

La fatigue de la route, la diversité des sites, des objets, avaient calmé ma tête et donné quelque relâche à mon cœur. Peines et plaisirs, anxiétés, espérances, vœux, désirs, privations, j'ai tout retrouvé dans cette chambre pleine de lui, et je ne m'en plains pas: tourmens d'amour ne sont jamais sans quelques douceurs. Tu ne te doutes pas de cela, toi qui de l'amour n'as connu que le bonheur. Oh! combien ma félicité s'accroîtrait de ce que j'ai souffert, de ce que je souffrirai encore, si jamais j'obtenais sa main! et si je dois ne l'avoir jamais, j'aime, je suis aimée; c'est exister, c'est exister pour lui. Cette pensée me rattache à la vie.

La journée a été employée toute entière à mettre de l'ordre et de l'arrangement partout : à peine avons-nous pris le temps de manger. Excédés de lassitude, nous nous sommes couchés avec le soleil. Il commence à peine à paraître, et me voilà debout. Dupont, Jonas et le jardinier sont d'intelligence, et je me trompe fort, ou la surprise que m'a causée ma chambre, ne doit pas être la dernière. Ah ! Claire, si celle que je pressensse réalise, ce sera le chef-d'œuvre de l'amour.

Je descends dans le jardin. Il a peu d'étendue ; mais il est varié et dessiné fort agréablement. Le jardinier est appuyé sur sa bêche et me regarde aller et venir ; il me fait enfin un signe d'intelligence.... Oui, Claire, oui, j'ai deviné, je le vois ; je trouverai ce que mon cœur m'a annoncé.... J'y suis, j'y suis ! voilà déjà l'allée tortueuse, bordée de lilas, qui conduisait à mon petit bosquet. Je pousse un cri de joie, je cours, je vole.... Oh ! c'est lui, c'est bien lui ! voyons, examinons.... Dieu ! grand Dieu ! par quelle magie mon marronier a-t-il été transplanté ici ! le voilà, le voilà bien ! même circonférence, même élévation, mêmes branchages ! et notre chiffre, Claire, et notre chiffre ! et le banc vert, et les mêmes arbustes, et les mêmes plantes ; il ne manque pas une touffe de violettes. Je déraisonne, j'extravague, je délire de plaisir et de bonheur. Homme charmant, homme adoré, que te dirai-je ? Les expressions me manquent, et cependant je sens mon cœur errer sur mes lèvres. N'est-il donc pas de langage qui satisfasse l'amour, qui puisse le peindre dans toute son étendue? Jules ne connaîtra-t-il jamais la violence du mien ? Ne pourrai-je lui donner une idée juste des délices qu'il me fait goûter aujourd'hui ?

J'aperçois le jardinier à travers le buisson de seringats. Il me regarde d'un air si satisfait ! il paraît jouir de son ouvrage et partager mon bonheur. Je lui fais signe d'approcher. Je l'interroge ; il répond d'une manière évasive. Je le presse ; il est embarrassé. Il ne peut plus nier, et cependant il balance à me dire la vérité. Je deviens plus pressante, je prie, je promets une discrétion à toute épreuve ;

il parle enfin. Ah! méchante, que de choses tu m'as cachées! pourquoi m'avoir laissé ignorer que Jonas est le valet de chambre affidé de M. d'Estouville; qu'il est venu ici avec M. Dupont et soixante ouvriers de toute espèce, répandre l'or et tout changer en dix-sept jours sur les dessins du bien-aimé? Pourquoi me taire que les meubles de ma chambre ont été envoyés directement d'Argentan à Velzac; que ce jardinier, si intelligent, appartenait à l'oncle de Jules, et qu'il est ici pour recevoir les paquets de Jeannette, et lui remettre les tiens? Il est possible, à la rigueur, qu'on ne t'ait pas instruite de ces particularités; mais ce qu'il est impossible que tu ne saches pas, c'est que l'homme adoré n'a pas voulu qu'un arbre qu'il n'aurait point planté, fût l'objet de mon culte. Il a couru la poste avec Jonas; il s'est caché quand les circonstances l'ont exigé; il est venu ici; il a foulé cette terre, que je regarde maintenant avec amour et respect; il a choisi lui-même le marronier. qui devait remplacer le mien; il l'a ébranché; il l'a planté de ses mains; il y a gravé notre chiffre. Non, Claire, jamais je ne pourrai m'acquitter envers lui, pas même en faisant le bonheur de toute sa vie, et je ne peux lui donner un moment !

Pourquoi as-tu gardé le silence sur des faits aussi importans, et que je te rappelle avec tant de charme? Jules est-il venu ici contre la volonté de son oncle, ou a-t-il dû son consentement à quelque promesse qui doive alarmer mon amour ? Non, on ne renonce pas à ce qu'on aime si parfaitement. Cependant cette idée me poursuit. Elle m'inspire des craintes que je ne peux surmonter. Ecris-moi la vérité, toute la vérité, je t'en conjure.

Une réflexion triste en amène nécessairement une autre. Je pense que l'activité continuelle, dans laquelle vit mon père depuis quelque temps, ne lui a pas permis de rien observer d'une manière suivie. Cependant il ne faut qu'un instant pour l'éclairer, pour qu'il rapproche des faits qui se lient évidemment, et cet instant peut être celui où il entrera dans ce bosquet. Sa parfaite conformité avec celui que nous quittons, ne peut être l'effet du hasard, et il doit suffire de mon marronier pour rappeler à mon père ma chambre et ses meubles ; et lui faire examiner dans les détails d'immenses réparations faciles à reconnaître ; le faire remonter au prix trop modique du mobilier de Tarbes, à la valeur extraordinaire donnée aux diamans, et mettre enfin à découvert la main généreuse qui s'est si heureusement cachée jusqu'ici. Cette pensée me fait frémir. Le jardinier s'aperçoit de mon trouble, et je ne lui en dissimule pas la cause. « Jouez-vous même la sur-

« prise, mademoiselle, sur des rapports
« aussi singuliers. Si M. le comte en est
« frappé, il s'en expliquera avec M. Du-
« pont, et tout est prévu. Soyez tran-
« quille. »

Je n'avais pas besoin de feindre pour marquer de l'exaltation, et ce genre d'émotion peut s'appliquer à tout. J'entraîne mon père; maman nous suit; nous sommes au pied du marronier. Je ne peux te rendre le changement subit qui s'est opéré sur la figure de M. de Méran. Ce que je venais de prévoir est arrivé aussitôt. Il a tout rappelé, tout rapproché, et il a fini par un éclat qui m'a effrayée. Déjà je voyais les meubles de ma chambre brisés, mon bosquet arraché et livré à la bêche, le jardinier chassé, toutes mes jouissances anéanties. Maman a parlé contre sa conscience, par pitié pour moi. Elle a dit qu'il ne lui paraissait pas certain que messieurs d'Estouville et de Courcelles se fussent permis d'être généreux envers nous, et qu'il fallait d'abord interroger le jardinier. Elle m'a adressé un coup d'œil qui signifiait que très-probablement mon bon Jules avait pris les mesures propres à voiler ses actions.

Mon père a appelé Jérôme. « Qui t'a
« donné le plan de ce bosquet? lui a-t-il
« demandé d'un ton terrible. — Mon-
« sieur le comte, c'est M. Dupont. — Et
« tu dis avoir trouvé ici les meubles qui
« sont dans la chambre de mademoiselle?
« — Je vous jure, monsieur le comte,
« qu'ils y étaient, quand M. Dupont m'y
« a amené. — Vas à Tarbes; amène-moi
« Dupont; je veux éclaircir tout cela.
« Cours, vole. »

J'ai profité de ce moment pour faire valoir les talens de Jérôme. J'ai représenté qu'il a dû obéir à celui qui l'a employé; que peut-être M. de Méran lui doit un dédommagement de la frayeur qu'il lui a causée, et qu'il ne peut rien

faire pour lui qui le flatte davantge que de le prendre à son service. « Je te gar-
« de, lui a dit mon père avec une sorte
« de bienveillance, que Dupont vienne
« à l'instant, et qu'il prenne avec lui
« toutes ses pièces justificatives.

« Ces gens-là, a-t-il dit après le dé-
« part de Jérôme, sont bien extraordi-
« naires! vouloir donner à un homme
« comme moi! à moi, qui ai sèchement,
« durement même refusé leurs offres !
« si j'aperçois la moindre ruse dans la
« conduite de Dupont, je fais abattre les
« tours, et peut-être la maison. — Nous
« n'en serons pas mieux logés, a ré-
« pondu maman d'une voix timide. »
Mon père est parti d'un éclat de rire ; nous sommes rentrés et nous avons déjeûné assez gaîment.

Quand un orage est calmé, il est rare qu'il se reproduise par le même motif. Mon père avait ri, et il a reçu M. Dupont avec assez d'affabilité. Cependant il lui a déclaré d'un ton ferme qu'il prétendait avoir des éclaircissemens sur tout ce qu'il a vu. Dupont a tiré une lettre de Jules, et l'a lue à haute voix. Le bien-aimé lui dit qu'il a trouvé à Paris, chez un tapissier, un ameublement qu'il a reconnu être le mien ; il a pensé que je le reverrais avec plaisir ; il l'a acheté, et il prie M. Dupont de le faire placer dans la chambre qu'il croira devoir être la mienne. Il l'invite à ne rien dire de cet arrangement à M. de Méran, dont il connaît la délicatesse et la susceptibilité. Mais aussi il entend qu'on ne lui cache rien s'il conçoit des soupçons, et s'il veut savoir la vérité. Il présume qu'il lui sera permis de faire un léger cadeau à celle qui fut sa sœur et qui dut être sa femme. Si cependant mon père lui refuse cette marque de bienveillance, il est prêt à recevoir neuf cent fr., que lui ont coûté mes meubles.

« Il n'y a rien à dire à cela, s'est écrié

« M. de Méran. » Il a été prendre de l'or ; il a compté les neuf cent fr., avec injonction à Dupont de les faire passer de suite à M. de Courcelles.

De quel poids j'ai senti mon pauvre cœur soulagé! l'affaire du bosquet s'est arrangée plus facilement encore. « Peut-être, dit Jules, dans la même lettre, ferez-vous travailler au jardin. Je vous envoie le plan d'une petite retraite, que mademoiselle de Méran a souvent embellie de sa présence, et qu'elle sera bien aise de retrouver à Velzac. Je vous engage à ne rien négliger pour lui procurer cette satisfaction. »

« A la bonne heure, à la bonne heure, « a dit mon père. » Et satisfait sur les deux articles qui l'avaient le plus frappé, il a examiné assez légèrement les réparations faites, les mémoires à la main. Il n'a pas vu une couleur gris-sale, appliquée en bien des endroits, sans doute pour cacher des parties de mur absolument neuves, et qui n'a pas échappé à mon œil observateur. Au reste, il n'est pas étonnant qu'on y voie beaucoup mieux à dix-huit ans qu'à soixante. Il n'a plus été question de rien. M. Dupont a dîné avec nous, et il a laissé mon père parfaitement satisfait de sa gestion et tout-à-fait revenu sur le compte de Jules et de son oncle.

J'ai été dans la soirée prendre possession de mon petit bosquet. J'y ai porté le ravissement dont j'avais été saisie le matin en y entrant. Mais te le dirais-je, Claire? j'y ai bientôt retrouvé les derniers baisers, le sentiment des privations actuelles, les craintes les plus fondées sur l'avenir, des soupirs et des larmes. Je les cacherai soigneusement. C'est pour les sécher qu'on m'a enlevée brusquement du château; on n'épargnerait pas ce bosquet si on savait qu'il en a rouvert la source.

J'ai appelé Jérôme. Je lui ai fait entr'ouvrir la terre au pied du marronier. J'ai mis à découvert le haut des racines, et j'ai placé dans les intervalles les cendres de celui que j'ai brûlé. Les sels dont elles sont remplies passeront dans cet arbre-ci; ils feront partie de sa substance, et cette idée rendra pour moi l'illusion complète. Je verrai le premier marronier sous l'écorce du second.

Jérôme voulait replacer la terre qu'il venait d'enlever; je ne l'ai pas permis : une main profane ne touchera pas ces cendres précieuses. C'est l'amour qui les a recueillies; c'est à lui seul qu'il appartient de les déposer ici,

CHAPITRE III.

Personnages nouveaux.

Une lettre de toi, ma bonne, mon excellente amie! avec quelle tendre sollicitude tu dissipes mes alarmes! avec quelle complaisance tu me parles du bien-aimé, et avec quelle satisfaction, je te vois applaudir à sa constance, à sa respectueuse fermeté envers son oncle! Ah! je le sens, nous nous aimerons jusqu'à la mort, et on nous sépare, et les auteurs de nos maux croient peut-être avoir aimé! ils n'ont connu de l'amour que le nom.

M. d'Estouville, dis-tu, a donné à

Jules tout l'argent qu'il lui a demandé ; il a consenti qu'il vînt ici, sous la seule condition qu'il ne chercherait pas à me voir, et qu'il ne m'écrirait plus. Que le ciel soit loué! mon amant n'a rien ajouté aux promesses qu'il a faites à mon père et qu'il remplit si religieusement.

M. d'Estouville se flatte, sans doute, que l'absence et le temps m'effaceront du cœur de son neveu : il en juge par le sien. Non, cet homme-là n'a jamais aimé.

Nous venons de recevoir nos malles, chargées à Argentan, et ce qui vaut mieux, mon piano et toute cette musique que Jules m'a choisie et qu'il chantait avec moi dans des temps plus heureux. J'ai fait porter tout cela dans ma chambre; je veux qu'elle soit pleine de lui, que tout y soit amour. C'est là et dans mon bosquet que je passe ma vie, que je le retrouve sans cesse, que je le pleure souvent, que je suis quelquefois heureuse.

M. Dupont est venu nous parler de cent et quelques arpens de terre, qui sont à vendre dans notre voisinage. Cette ouverture a fait plaisir à M. de Méran, assez embarrassé de cinquante mille fr. environ, qui lui restent encore. Il a chargé l'homme d'affaires de conclure. J'ai pensé d'abord qu'il y avait encore du Jonas dans cette acquisition. J'en ai parlé franchement à M. Dupont, qui, me voyant à-peu-près instruite, n'a pas cru devoir dissimuler avec moi. Il m'a avoué qu'on a dépensé ici quinze mille fr., et que les meubles achetés à Tarbes en coûtent huit. Mais il m'a protesté et il m'a prouvé que les terres de ce pays-ci sont fort inférieures à celles de la Normandie.

Ainsi notre revenu se trouve porté à neuf mille fr. Je m'en applaudis à cause de mon père, car maman pense comme moi, que l'opulence oblige à une représentation souvent trop gênante, et qui ne donne jamais le bonheur. C'est le cœur qui en est le foyer, et l'être qui est au-dessus du besoin, peut n'avoir rien à désirer. Cet accroissement d'aisance permet à maman d'adjoindre à Jeannette une cuisinière, chargée du soin de la basse-cour. Ainsi, je redeviens mademoiselle de Méran, c'est-à-dire que je ne fais plus que ce qui me plaît. Je brode, je touche du piano, j'arrose mon marronier, et je vis d'amour.

A propos d'amour, je m'aperçois que Jeannette et Jérôme s'attachent l'un à l'autre. Cette découverte me fait plaisir. Ce garçon, accoutumé aux environs brillans de Paris, aurait pu s'ennuyer dans nos montagnes, et vouloir retourner chez son premier maître. L'amour fera pour lui de nos sites sauvages un lieu de délices, et cet homme est abso-

lument nécessaire à notre correspondance. Hélas! ils n'ont besoin, pour être heureux, ni de parens, ni de fortune. Ils s'uniront quand ils auront dit *j'aime;* et je crois que le moment n'est pas éloigné. Alors ils seront irrévocablement fixés ici. Tu vois que tout s'arrange aussi bien que je peux le désirer dans ma triste position. . . . . .
. . . .

Je suis mécontente, Claire, très-mécontente, et c'est de Jules. Il devait nous mieux connaître et contenir son oncle.

Ce matin j'ai voulu serrer dans le coffre de mon secrétaire des fleurs artificielles, dont le carton est arrivé brisé. J'ouvre et je trouve.... Tu le sais peut-être aussi bien que moi, et tu partagerais mon mécontentement avec Jules, si je croyais que tu n'eusses pas fait tout ce qui était en toi pour empêcher que je fusse humiliée par M. d'Estouville.

De quel droit prétend-il me forcer à recevoir de lui un bienfait, et un bienfait inutile, puisque maman, ni moi ne pouvons plus nous parer de ces diamans, qu'il est indispensable de cacher soigneusement à mon père?

L'écrin était enveloppé d'un papier, qui porte ces mots, tracés par une main inconnue :

« Mademoiselle de Méran ne sera pas dépouillée d'une parure que lui destinait l'affection de madame sa mère. On la supplie de croire qu'on est loin de penser à blesser son amour-propre, et on se flatte qu'elle acceptera, sans répugnance, un témoignage de la profonde estime qu'on a pour elle. »

Oui, mon amour-propre est blessé; il l'est de la manière la plus douloureuse. Non, M. d'Estouville ne m'estime pas, puisqu'il me refuse à son neveu, déjà riche assez pour qu'on ne doive pas s'occuper d'ajouter à sa fortune. Cet éloge affecté n'est qu'une dérision piquante, et je ne vois dans ce cadeau que l'orgueil de l'opulence, qui veut faire sentir à la médiocrité l'intervalle qui les sépare. Que M. d'Estouville se souvienne que la fortune est inconstante ; que mon père a été riche comme lui ; que sa noblesse date d'aussi loin que la sienne ; qu'il a sur lui l'avantage de lui avoir conservé son neveu ; de l'avoir élevé dans des principes, qui l'honoreront partout ; que de tels bienfaits ne s'acquittent pas avec quelques brillans, et que *donner* est un outrage dans la position où nous nous trouvons respectivement.

Sûre de l'assentiment de ma mère, je me suis mise à mon secrétaire, et j'ai écrit à cet oncle fastueux tout ce que je viens de t'en dire. J'ai adouci les expressions, parce que je crois qu'une femme ne doit jamais sortir d'une modération, au moins apparente, lors même qu'elle est offensée. Ma lettre terminée, j'ai été chercher maman. J'ai mis sous ses yeux l'écrin, le billet, et ma réponse. Elle m'a embrassée, et je suis demeurée convaincue que nous avons tous du juste et de l'injuste un sentiment qui ne nous égare jamais.

Ma mère a écrit à M. Dupont. Elle lui enjoint de renvoyer cet écrin à M. d'Estouville, et de lui dire que si ces diamans reparaissent ici, ou si, par des moyens détournés, on nous fait parvenir quelque chose que ce soit, M. de Méran en sera averti aussitôt, dût sa fierté nous faire tomber dans l'indigence. Demain, de grand matin, Jérôme portera ce paquet à Tarbes.

Parlons d'autre chose : il me répugne de m'étendre sur ce qui ne fait pas honneur aux gens que j'aime. A une demi-lieue d'ici est un superbe château, qui appartient à M. d'Apremont, ancien colonel de cavalerie, chevalier de l'ordre de Saint Louis, et, ce qui vaut mieux, plein de qualités, dit-on. Cette terre est d'un rapport considérable, et le propriétaire en a d'autres encore en Picardie et en Champagne. Il a cinquante ans, et n'est pas marié encore. Il est aux eaux de Bagnères, avec une nièce qu'il aime beaucoup, et il doit venir passer deux mois ici. Mon père a déjà feuilleté son *Dictionnaire de la Noblesse*, et il a trouvé que les d'Apremont descendent des comtes d'Armagnac. Il n'est pas d'illustration plus ancienne et plus pure, et M. d'Apremont sera fort bien reçu ici, s'il juge à propos de prévenir un homme respectable, qui, de sa splendeur passée, ne peut plus offrir que des souvenirs.

Un M. des Audrets, bon gentilhomme qui a servi sous M. d'Apremont, et qui ne l'a pas quitté pendant les orages de la révolution, est ici depuis quelques jours. Il est chargé de tout faire préparer pour recevoir dignement le maître du château. Nous tenons ces détails de Jeannette, qui court de tous les côtés. M. des Audrets ne s'est pas encore présenté chez nous ; mais je l'ai entrevu plusieurs fois de ma croisée : il donnait des ordres dans le parc, dont une partie de murs borde un côté de notre jardin. Il m'a paru âgé de quarante-cinq à quarante-huit ans ; il n'est ni bien ni mal fait ; ni beau ni laid ; et peut-être ni spirituel ni borné. Au reste, sa manière d'être m'importe peu : l'Apollon du Belvedère animé ne fixerait pas mon attention.

M. des Audrets rentre dans le parc en ce moment, et pour la première fois ses yeux se portent sur ma croisée. Il me regarde avec une ténacité qui tient de l'affectation. Je quitte ma fenêtre, puisqu'il ne veut pas que j'y reste. Il y a des êtres bien extraordinaires.

Je viens de passer deux heures à mon piano ; j'y ai chanté ces romances que Jules aime tant, et que le charme de sa voix rendait si touchantes. En me levant j'ai voulu prendre l'air, et j'ai vu M. des Audrets rêvant à la même place où il était deux heures auparavant.

Je me suis retirée, et le soir j'ai fermé mes persiennes, pour ne plus les rouvrir tant que cet ennuyeux voisin sera à Velzac.

Depuis quelques jours, ma bonne Jeannette tournait autour de moi. Elle paraissait toujours prête à me parler; et les mots expiraient sur ses lèvres. Ce matin, je l'ai mise à son aise, parfaitement à son aise, et elle s'est enfin expliquée. Je te l'avais bien dit : Jérôme et cette excellente fille s'aiment. Ils croient avec raison que quelqu'un qui connaît les peines de l'amour doit leur être favorable, et ils sollicitent ma médiation auprès de maman. Ils n'ont pas voulu ajouter que les services continuels qu'ils me rendent, leur donnent des droits à ma bienveillance. J'ai saisi cette occasion pour leur parler de ma reconnaissance, et je me suis empressée de la leur prouver.

Maman aime beaucoup Jeannette, et elle commence à estimer Jérôme. Il m'a suffi de lui exposer les faits pour obtenir son consentement, et elle m'a répondu de celui de M. de Méran. Classe obscure, mais heureuse, où le cœur est tout, et de qui le mot *convenances* n'est pas même connu, pourquoi Jules et moi ne sommes-nous pas nés dans votre sein? Le jour où nous nous sommes aimés eût été celui de notre bonheur. Nous serions pauvres; mais nous n'aurions pas d'idée de ces besoins dont l'aisance fait contracter l'habitude. Nous travaillerions; mais le repos nous paraîtrait plus doux. Mon père, né dans cette condition, ne serait pas tourmenté de sa chimère de grandeur; il vivrait sans désirs comme sans regrets, et notre félicité embellirait ses derniers jours. Mais je suis fille de qualité, M. de Méran est fier, M. d'Estouville est immensément riche ; il faut que je souffre, aujourd'hui, demain, dans un mois, dans un an, toute ma vie, peut-être. Oh ! mon pauvre cœur ! mon pauvre cœur !

A la fin du dîner, mon père a fait venir Jeannette et Jérôme ; il a donné son consentement à leur mariage avec une sorte de solennité. Jérôme a sauté à deux pieds de haut, et il est retombé à genoux devant mon père. Jeannette, profondément inclinée, rougissait de pudeur et de plaisir. Ces bonnes gens m'aiment de tout leur cœur, et ils ne cessent de me tourmenter. M. de Méran a parlé aux futurs époux des devoirs et des douceurs du mariage ; il s'est exprimé avec une dignité imposante, et se laissant aller à l'affection qu'il a toujours eue pour Jeannette, il l'a recommandée à la tendresse, aux égards, aux soins de Jérôme, d'une manière bien touchante.

Hélas! c'est à peu près ainsi qu'il nous parlait à Jules et à moi, il y a environ un an et demi. Que de maux ont depuis pesé sur nos têtes !

Quelques instans après, on a annoncé M. des Audrets. Mon père n'avait aucune raison de ne pas le recevoir : il est entré. Il s'est présenté avec l'embarras d'un homme qui craint quelque chose. Aurait-il eu une intention directe en me fixant à ma croisée avec une continuité fatigante pour moi ? Il s'est remis promptement, et le compliment qu'il a adressé à mon père est d'un homme d'esprit. Il a dit à maman les choses les plus obligeantes, et enfin j'ai eu mon tour, comme tu peux bien le croire. Il est retombé, en me parlant, dans son premier embarras. Tout ce que j'ai entendu, c'est que les grâces ingénues se sont fixées près de moi, que M. des Audrets aime passionnément la musique, qu'il me croit une virtuose, et qu'il s'estimera heureux, quand je voudrai bien lui permettre de m'entendre.

La conversation est devenue générale, et je l'ai observé à mon tour. Je n'ai plus à te parler que de sa figure, dont l'éloignement ne m'a pas permis de juger de ma croisée. Il a la bouche grande, mais assez bien meublée; le nez trop fort, les yeux vifs et assez ouverts. Les sourcils noirs et très-fournis se joignent, et sont d'un effet désagréable. Je ne m'arrête à tout cela, que parce que cet homme me fait peur quand il me regarde, ce qui ne lui arrive pas souvent. Il paraît avoir contracté l'habitude de ne jamais fixer celui à qui il parle, et on prétend que les gens au regard oblique sont faux. Que m'importe, après tout? Je n'ai rien à craindre ni à espérer de lui.

Il a exprimé le désir de m'entendre à mon piano. Mon père, qui veut bien me croire beaucoup de talens, et qui en tire une certaine vanité, a appuyé M. des Audrets. J'ai prétexté un grand mal de tête : je ne veux rien faire pour cet homme-là. Je ne veux pas surtout qu'il entre dans ma chambre, qu'il en touche aucun meuble : il en effacerait l'image du bien-aimé.

Je suis sortie, et j'ai été faire un tour de jardin. J'y ai trouvé Jeannette et Jérôme, causant dans la plus douce intimité. Le son de leur voix, qui arrivait à mon oreille, portait l'expression de la volupté ; le contentement se peignait dans tous leurs traits; ils n'avaient pas un mouvement où je ne trouvasse l'amour. Ah! Claire, ce spectacle me tue. Que de choses il me rappelle! L'envie ne peut entrer dans mon cœur : j'ai fait, au contraire, tout ce qui était en moi pour couronner les vœux de ma bonne et fidèle Jeannette ; je m'en applaudis, même en ce moment. Mais suis-je condamnée à avoir sans cesse sous les yeux le tableau d'un bonheur auquel il ne m'est pas permis d'atteindre ? C'est le supplice de Tantale.

Je suis rentrée, et j'ai retrouvé M. des Audrets. J'ai pris mon ouvrage pour être dispensée de le regarder, et j'ai été m'asseoir dans l'endroit le plus reculé du salon. J'écoutais en travaillant. Il vit habituellement chez M. d'Apremont. Sa fortune est très-bornée ; mais son ami supplée à tout avec magnificence. M. d'Apremont est aussi bel homme qu'on peut l'être à cinquante ans. Son esprit est orné, son caractère est ferme ; ses opinions sont invariables. Il n'a jamais voulu se marier, précisément parce qu'il aime beaucoup les femmes, et qu'il redoute la dépendance à laquelle son épouse l'aurait facilement assujéti, si elle avait eu l'ambition de le mener. Voilà, ce me semble, un singulier motif pour s'éloigner du mariage. Eh, Claire, un mari que mène un peu sa femme est-il donc si à plaindre ? Ne nous est-il pas permis de chercher dans la douceur, dans des insinuations raisonnées, un ascendant que nous tournons à l'avantage de tous deux ? Est-il sans exemple qu'un époux égaré ait été ramené par l'épouse modérée et sensible ?

Je crois que M. des Audrets ne cesse de me regarder lorsque je travaille, car jamais je ne lève les yeux sans rencontrer les siens. Cet homme-là me gêne, et commence à me déplaire beaucoup.

Je m'aperçois qu'on a descendu mon piano dans le salon, pendant que j'étais dans mon bosquet. Je vois qu'il faut chanter pour me débarrasser de cet importun. Je me lève, je me place, et je prélude. Il est derrière moi, et il me regarde dans la glace d'une manière qui m'intimide au point de m'empêcher de continuer : je retourne à mon ouvrage. Mon père me dit que je fais l'enfant ; M. des Audrets se plaint amèrement de la privation que je lui impose. Il a l'audace de me présenter la main pour me reconduire à l'instrument ; je cache les miennes sous mon métier, et je lui lance un regard qui le déconcerte. Il a fait un tour ou deux dans le salon ; il a dit quelques niaiseries, a pris son chapeau, et s'est retiré. Que me veut cet homme, Claire ? Il ignore que mon cœur est donné, et peut-être il se flatte de parvenir à me plaire. Si j'étais libre, il ne m'inspirerait que de l'aversion.

Il est revenu aujourd'hui, sous le prétexte de communiquer à mon père une lettre qu'il a reçue de son ami. M. d'Apremont exprime une vive satisfaction d'avoir M. de Méran pour voisin, et il ajoute que sa nièce s'empressera de se lier avec moi. Il est clair que M. des Audrets a parlé de nous en termes favorables, afin de lier les deux familles, et de pouvoir être avec moi tous les jours. Je répondrai au premier mot expressif qu'il m'adressera, de manière à l'éloigner pour toujours.

Il s'est établi dans l'esprit de M. de Méran par des flatteries délicates, fines, et insinuées avec beaucoup d'adresse, il faut que j'en convienne. Ainsi il est parfaitement accueilli et il est presque toujours chez nous. Il me parle avec une circonspection, qui dissiperait mes premières craintes, s'il ne semblait épier l'occasion de m'entretenir en particulier. J'espère qu'il ne la trouvera jamais.

Il affecte une franchise à laquelle je ne crois pas. Il voudrait nous faire croire à son attachement par des confidences, qui n'ont rien de bien important, mais qui tendent à prouver un abandon absolu. Il pourra tromper mon père; moi, je l'ai jugé, et tous ses efforts ne contribueront qu'à m'affermir dans l'opinion que j'ai conçue de lui. Il nous a dit entr'autres choses que M. d'Apremont s'oc-

cupe sérieusement de l'établissement de
sa nièce. Elle a de son père et de sa mère,
qu'elle a perdus dans son enfance, cent
mille livres de rente, et elle en attend
beaucoup plus de son oncle. Cependant
il ne paraît pas très-facile de la marier. Il
y a eu des conférences à ce sujet entre M.
d'Apremont et l'oncle d'un jeune homme, orphelin aussi.... Claire, ces premiers détails m'ont fortement émue, et
j'ai fixé à mon tour M. des Audrets. Je
n'ai aperçu aucune marque d'embarras ;
ainsi il ne cherchait pas à me pénétrer,
comme je l'ai cru d'abord. Il racontait
simplement des faits auxquels il me croit
étrangère, à moins cependant qu'il soit
maître de lui, au point de prendre toujours le masque qui convient à la circonstance, ce qui n'est pas impossible.
Alors il veut se venger de l'éloignement
que je lui marque, et il a complètement
réussi. Mais d'où saurait-il que j'aime
aussi tendrement que je suis aimée ? Hé !

peut-être de M. d'Estouville. Il a continué.

Le jeune homme, a-t-il dit, oppose à son oncle une résistance, que jusqu'ici rien n'a pu vaincre. Il est éperduement amoureux d'une demoiselle qu'on dit très-jolie, très-aimable et pleine de qualités, mais qui ne lui convient point, parce qu'elle n'a pas de fortune. Les deux oncles sont persuadés que le temps et l'absence le feront revenir de ce ridicule entêtement. L'hiver, qui s'approche, ramènera les plaisirs bruyans; la dissipation, les agrémens de mademoiselle d'Apremont, l'amour-propre, toujours flatté d'une conquête brillante, feront le reste. Ils le croient, du moins. Pauvres gens!

Il ne restait plus à M. des Audrets qu'à nommer Jules et ta déplorable amie.

Mon père et ma mère se sont regardés; il ne m'eût pas été possible d'articuler un mot, si j'avais voulu hasarder une question. Toutes réflexions faites, cet homme ignore la part très-active que je prends à cette affaire : d'après le sentiment secret que je lui suppose, il ne se serait pas expliqué avec une légèreté aussi offensante pour moi.

Mademoiselle d'Apremont est donc cette rivale, qui doit finir par m'écraser, uniquement parce qu'elle est riche. Elle arrive après-demain. Oh ! comme je vais l'observer ! je ne suis pas jalouse, Claire : ce sentiment ne convient pas à ma triste position. Mais je veux voir si cette femme est réellement digne d'un cœur, qui, jusqu'à présent, n'a battu que pour moi.... Hé ! le désir de la bien connaître, est-il autre que cette jalousie, dont je me défendais tout-à-l'heure ? Puis-je me dissimuler, les alarmes où me jettent les agrémens qu'on accorde à mademoiselle d'Apremont ; la séduction des plaisirs, les insinuations perfides et sans cesse répétées, les occasions de se voir, qu'on multipliera à l'infini? Et quelles sont mes armes à moi? Des vœux impuissans, des plaintes solitaires, des larmes stériles peuvent-ils combattre une femme qui réunit tout ce qui charme, séduit, entraîne? Je suis perdue, Claire, ou Jules est plus qu'un homme.

Que de maux j'ai déjà soufferts! Les plus douces espérances détruites, une séparation douloureuse et sans terme, l'exil des lieux où naquit notre mutuel amour, étaient, je le croyais du moins; plus qu'il est possible à un cœur brûlant de supporter. Eh bien, Claire, si l'infortune devait s'arrêter là, je serais encore heureuse, je le serais en ce moment. Mais le perdre sans retour, le savoir dans les bras d'une autre! voilà le dernier, le plus grand de tous les maux. Cette idée est déchirante, affreuse; elle est mortelle pour moi. Ah! dis-lui bien qu'il est l'arbitre unique de ma vie ; qu'il peut me la conserver ou me l'ôter à son gré.

Je veux m'arracher à ces pensées cruelles : tous mes efforts n'aboutissent qu'à en changer les nuances. Elles varient ; mais elles sont toutes accablantes. C'est aujourd'hui que Jeannette se marie. Je m'étais flattée de me distraire, en m'occupant des préparatifs, en réglant le repas, la petite fête que mon père donne aux époux. Eh bien, ces apprêts mêmes, ou plutôt leur objet, la satisfaction de mon père et de ma mère, l'espèce d'ivresse de Jeannette et de Jérôme, les douces caresses qu'ils croient dérober à mes yeux, en passant, en repassant près de moi, tout me force à me replier sur moi-même, tout pèse sur mon pauvre cœur, et le froisse d'une manière terrible, insoutenable.

La cérémonie est terminée. Jeannette a prononcé le mot qui l'unit irrévocablement à Jérôme, avec une fermeté qui annonçait bien que son cœur se donnait avec sa main. Elle n'est pas très-jolie, et elle m'a paru belle de son bonheur. Jérôme était radieux. J'avais pris un chapeau et un voile : je savais que j'aurais des larmes à cacher. Toujours, toujours des larmes! Combien j'en ai versé depuis un an, combien j'en verserai encore! Cette demoiselle d'Apremont!... Ah! Claire, la douleur n'est donc pas une maladie mortelle? On souffre, on pleure, on ne meurt pas.

Il est des instans où je voudrais finir; il en est d'autres où je surprends l'espérance au fond de mon cœur. Je cherche en vain à rappeler ma raison; elle est trop loin de moi. Je sens la nécessité de relever mon courage, et je ne trouve que l'amour. Quelle vie, grand Dieu, quelle vie!

Je me suis dérobée à la gaîté qui animait tout autour de moi, et qui me faisait sentir plus vivement mon malheur. J'ai porté dans mon bosquet mes plaintes secrètes ; j'y donnais un libre cours à mes soupirs, et j'éprouvais quelque soulagement. M. des Audrets a paru tout à coup devant moi. Je me suis levée précipitamment, et je me suis élancée dans le jardin : je ne veux pas que cet homme s'arrête un moment dans cet asile de l'amour malheureux. Il m'a suivie, Claire. Son teint était animé, son œil étincelant, sa respiration courte et gênée. Il m'a glacée d'effroi. J'allais pousser des cris, si je n'avais réfléchi aussitôt que nous étions en vue de la maison, et que je n'avais rien à redouter. Il m'a parlé en mots entrecoupés ; son extrême agitation ne lui permettait pas de s'exprimer d'une manière suivie et intelligible ; aussi n'ai-je trouvé que de l'obscurité dans les choses qu'il m'a adressées. Il est atteint, m'a-t-il dit, d'une passion violente, et il ne peut vivre sans moi : je m'attendais à cet aveu. Il n'a pas de fortune ; ainsi il ne doit pas penser à m'épouser : pourquoi donc me parle-t-il de son amour ? Mais il peut tout, a-t-il ajouté, sur un homme immensément riche, et il l'amenera à demander ma main, si je veux lui promettre des marques certaines de ma reconnaissance, et lui en donner d'avance d'assez positives pour qu'elles soient une garantie de mes bontés à venir. Il sait que je ne peux disposer de rien, et il me demande d'avance des preuves de ma reconnaissance ! Si j'avais de l'or, je le prodiguerais pour l'éloigner, lui et l'homme sur lequel il peut tout. Il m'aime, dit-il, et il veut me marier à un autre ! Quelle démence, Claire ! J'aurais ri de cette incohérence d'idées, si je pouvais rire encore.

Il m'a parlé de constance, de plaisirs vifs et mystérieux, de je ne sais quoi encore où je n'ai rien compris du tout. Fatiguée, excédée de ce verbiage insignifiant, je l'ai interrompu, et je lui ai répondu avec fierté, qu'il ne me convient pas d'écouter quelqu'un qui déclare ne pas penser à se marier ; que j'ai d'ailleurs un éloignement invincible pour le mariage, et que je me flatte qu'il voudra bien à l'avenir ne me rien dire qui me soit personnel. Je suis rentrée, et j'ai tout répété à maman, pour qu'elle se place entre cet homme et moi, et qu'elle me délivre de ses importunités.

Le croiras-tu, Claire? ma mère, en m'écoutant, a marqué une surprise, une indignation qui m'ont frappée. Je suis certaine de lui avoir rendu, à peu de chose près, les propres termes de M. des Audrets : quelle signification cachée peuvent-ils donc avoir? Ce n'est pas tout : maman m'a expressément recommandé de ne rien dire de tout cela à M. de Méran. Cette défense a ajouté à mon étonnement et à ma curiosité. J'ai fait quelques questions à ma mère ; elle m'a répondu d'une manière tellement évasive, que je ne l'ai pas plus comprise que M. des Audrets. Tout ce que je peux présumer, c'est que cet homme m'a dit des choses déplacées, répréhensibles peut-être, mais je ne sais en quoi. Il m'aime, il veut me marier à un autre, et il compte sur ma reconnaissance ; je ne vois là que de la bizarrerie. Si tu y trouves autre chose, dis-le moi, Claire, et si j'ai réellement à me plaindre de M. des Audrets, cache-le au bien-aimé, par la même raison, quelle qu'elle soit, que maman m'ordonne de me taire avec M. de Méran.

Oui, il y a dans ceci un côté très-sérieux : ma mère vient de tirer à part M. des Audrets; il a rougi, pâli, en l'écoutant, et, quand elle a cessé de parler, il s'est retiré sans répondre un mot. Il m'a lancé un regard terrible en sortant. Que m'importe sa colère? maman est instruite, et veillera sur moi. Mais j'ai une envie de pénétrer ce mystère!

Peut-être n'en est-ce un que pour ton amie. Tu entendras aussi bien que ma mère, et tu seras moins réservée qu'elle : n'est-il pas vrai?

« Je ne pouvais, m'a-t-elle dit le soir, « interdire cette maison à M. des Au- « drets, sans me mettre dans la néces- « sité d'instruire M. de Méran de mes « motifs; mais je me suis prononcée de « manière à te garantir de rien entendre « désormais qui soit indigne de toi. » Je m'y perds. Ecris-moi, oh! écris-moi, dès que tu auras reçu ce paquet; je t'en prie, je t'en conjure.

Tous les habitans du village paraissent fous, aujourd'hui. Ils courent de chez eux à la grande route; de là à l'avenue du château d'Apremont; ils forceraient la grille, s'ils n'étaient contenus par des domestiques qui ont assez de peine à les écarter. Voilà la première fois que le propriétaire visite ce château, et il y arrive avec un train qui peut piquer la curiosité. J'ai aussi cédé à la mienne : armée d'une longue vue, je vois ce que je te raconte de la chambre supérieure d'une de nos tours, d'où l'œil plonge dans la partie cultivée du parc. Je distingue une file de voitures à deux, quatre, et six chevaux, plus brillantes les unes que les autres. M. d'Apremont amène donc toute une cour avec lui.

On descend de carosse ; on monte au péristyle. Les messieurs ont des habits de campagne du meilleur goût. Un homme de belle taille est entouré de huit à dix jeunes gens qui paraissent lui marquer beaucoup de déférence : c'est probablement M. d'Apremont. Une dame mise simplement, mais avec élégance, est à son tour l'objet des hommages de ces messieurs : c'est sans doute la redoutable nièce. Quelques femmes se tiennent à une distance respectueuse : ce sont des suivantes. Des domestiques, en bottes, en culottes de peau, en vestes galonnées, déchargent les voitures, vont et viennent, et l'énigmatique des Audrets paraît donner des ordres de tous les côtés. Bientôt tout le cortége disparaît à mes yeux. On est entré au château; la nuit s'approche, et ce ne sera que demain que je reverrai un objet que je suis si intéressée à connaître et à juger.

CHAPITRE IV.

Mademoiselle d'Apremont.

Le soleil paraît à peine, et je suis dans ma tour : il me semble que mon empressement doive se communiquer aux habitans du château. Quel enfantillage! dirais-tu, si tu ne sentais qu'un intérêt très-majeur m'attire ici et m'y fixe.

J'ai connu à peu près M. des Audrets, avant de l'avoir entendu. Je ne sais si je me trompe, mais il me semble que les mouvemens, les habitudes du corps peuvent donner une indication générale du caractère de l'individu : autant que je le pourrai, je ne perdrai rien de ce que fera mademoiselle d'Apremont.

Il y a deux heures que je suis ici, et personne ne paraît encore ; pas une croisée ne s'ouvre au château. J'ai le temps de réfléchir, et je vais tirer quelques conséquences de ce repos apathique. Je dormais peu quand j'étais heureuse : mon bonheur me tenait éveillée. Je dors moins depuis que l'infortune m'a frappée. J'infère de là que le sommeil n'approche que des êtres tranquilles. Le cœur de mademoiselle d'Apremont est donc en repos. Si j'ai bien entendu tes lettres, elle a vu le bien-aimé, et son cœur est calme ! Qui donc pourra l'émouvoir ? personne. Cette première remarque a cela de satisfaisant que la jeune personne ne pressera pas son oncle de conclure.

Mais si elle a les agrémens, les qualités que la renommée publie, comment n'a-t-elle pas fortement frappé quelques-uns des jeunes gens qui l'accompagnent ? et le silence le plus absolu paraît régner aussi chez eux... Hé, mon Dieu ! est-il nécessaire d'ouvrir ses persiennes, pour s'occuper très-sérieusement de Jules et de mademoiselle d'Apremont? Ne préjugeons rien encore; attendons, attendons.

La porte du péristyle s'ouvre enfin... oh! ce ne sont que des laquais... Une femme de chambre paraît. Un des jeunes gens se précipite sur ses pas; elle se jette derrière une touffe d'arbres qui la cache aux valets, mais qui ne me dérobe rien. Le jeune homme la suit, et lui remet un papier qu'elle serre dans une poche de son tablier. Ce n'est pas à elle qu'on écrit, puisqu'on trouve aisément l'occasion de lui parler. On ne lui dit que quelques mots; on ne daigne pas prendre sa main, qui s'avance assez naturellement; on se retire : le papier est pour mademoiselle d'Apremont.

On n'écrit pas à une femme, sans avoir quelques probabilités de succès. D'ailleurs la facilité avec laquelle la suivante a reçu le billet, prouve que ce n'est pas le premier dont elle se charge, et une demoiselle ne reçoit pas plusieurs lettres d'un homme qui ne l'intéresse pas. Mademoiselle d'Apremont a donc une inclination. Quelle découverte, Claire ! quel baume elle porte dans mon sang !

La femme de chambre se rapproche du château. Elle joue, ou elle en fait le semblant, avec un jockei de dix à douze ans, qui paraît éveillé comme un page. Un autre jeune homme descend le péristyle, ne la regarde point, et s'enfonce dans le bois. La femme de chambre saisit le ballon du jockei, et le jette dans une touffe de rosiers. L'enfant court à son ballon, et la suivante est sur les pas du jeune homme qui la précède. Les arbres me les dérobent tout-à-fait.... Ah ! je les revois ; le monsieur s'arrête ; la femme de chambre le joint, reçoit de lui un second papier, le cache dans l'autre poche de son tablier, saute, court et revient au péristyle, où, pour avoir l'air de faire quelque chose, elle arrange un bouquet de fleurs que lui offrent les vases de marbre qui ornent les degrés.

Je l'avoue, Claire, qu'en ce moment ma pénétration est en défaut. Il est impossible, n'est-il pas vrai, qu'une femme reçoive des lettres de deux hommes à la fois ? Peut-être y a-t-il quelqu'autre dame au château. Au reste, comme je te le disais tout-à-l'heure, ne préjugeons rien ; attendons.

Un jeune homme, très-bien fait, saute tous les degrés à la fois. Il fait pirouetter la femme de chambre, lui arrache son bouquet, et fuit avec la légèreté du daim. La femme de chambre s'élance après lui.... Y aurait-il un troisième billet? A qui donc tout cela pourrait-il s'adresser?.... Précisément, l'officieuse suivante reçoit encore un papier. Elle cache celui-ci sous son fichu.

Plus ces scènes se multiplient, et moins je conçois le jeu des acteurs. Je reviens à ma première idée : peut-être la femme de chambre a-t-elle pour son compte un rôle intéressant dans cette affaire. Ne peut-on suivre la sienne, en menant celle d'une autre?... Cependant on se serait arrêté auprès d'elle; on ne me devine pas au haut d'une tour, armée d'une perfide lunette, et on lui aurait dérobé quelque caresse.... Je m'y perds, je m'y perds.

Je fais une réflexion un peu tardive à la vérité. Est-il bien d'épier ainsi les actions de ceux qui ne nous doivent aucun compte de leur conduite? Mais dis-moi, Claire, n'ai-je pas le droit de m'occuper de mes intérêts les plus chers, et si je suis réservée au dernier des malheurs, si Jules doit céder enfin aux prières, aux promesses, aux persécutions, n'est-il pas essentiel pour lui de bien connaître celle qui ne fera jamais son bonheur, mais dont les défauts pourraient empoisonner sa vie? Je verrai tout ce que je pourrai voir. Je n'exagérerai, je n'atténuerai rien : j'en prends l'engagement formel, et je le tiendrai rigoureusement.

Quelle phrase viens-je d'écrire! *si Jules doit céder*..... Ah! répète-lui que je l'en crois incapable. Mais j'étudierai mademoiselle d'Apremont, et si elle donne contr'elle des armes dont un honnête homme puisse se servir, ce ne sera plus son amour que Jules opposera à son oncle, mais le langage de la raison, qui finit toujours par persuader.

Les deux portes du péristyle s'ouvrent. M. d'Apremont descend les degrés. Il donne la main à une jeune personne, dont un grand chapeau de paille cache entièrement la figure. Les jeunes gens et M. des Audrets, rangés circulairement à côté et derrière l'oncle et la nièce, font respectueusement leur cour. Aucune autre femme de marque ne les précède ou ne les suit. Il n'est pas présumable que la suivante que j'ai vue se charge de la correspondance de ses compagnes. Les trois billets sont-ils donc pour mademoiselle d'Apremont, et si elle est capable de semblables écarts, quel nom donnerai-je à sa conduite ?

On se promène avec un calme, au moins apparent. Mademoiselle d'Apremont tourne la tête de temps en temps, sans doute pour répondre à ceux qui l'accompagnent. Pas un mouvement, pas un geste qui décèle l'agitation de l'âme. La présence de l'oncle comprime toutes les passions.

Je n'ai pas d'observations à faire en ce moment, aussi n'ai-je pas balancé à suivre Jeannette, qui est venue m'avertir qu'on m'attendait pour déjeûner.

Je l'ai engagée à se lier particulièrement avec la femme de chambre aux billets, que je lui ai désignée aussi bien que je l'ai pu, par sa taille élancée, ses grands cheveux blonds, et sa robe de taffetas gris. Jeannette est trop communicative pour ne pas la faire parler, et il ne faut qu'un mot pour expliquer ce que j'ai vu.

Nous quittions la table, lorsqu'un grand laquais, galonné de la tête aux pieds, est venu demander à quelle heure monsieur et mademoiselle d'Apremont pourraient venir rendre leurs devoirs à monsieur et à madame de Méran. Si le message se fût adressé à moi, je les aurais reçus à l'instant même, tant je brûle de voir cette terrible rivale. Mon père a répondu que l'heure lui était indifférente, et qu'il verrait toujours avec plaisir des voisins aussi distingués.

Le domestique était à peine sorti de

la salle à manger, que M. de Méran a donné ses ordres. Il nous a invités maman et moi à faire la plus brillante toilette; il a prescrit à Jeannette et à Jérôme de prendre leurs habits de noce, et de ne plus quitter l'anti-chambre; il est allé ensuite se couvrir la tête de poudre, et le corps de broderie. J'ai représenté à maman que cette affectation nous donnerait un ridicule; que ce luxe d'un moment rappellerait notre médiocrité. Elle m'a répondu avec beaucoup de douceur, qu'une fille qui peut complaire à son père, en mettant une robe au lieu d'une autre, ne doit pas balancer. Elle a raison.

Il n'est qu'onze heures du matin, et nous voilà tous parés, comme si nous allions à une fête. J'ai remarqué à demi-voix, que lorsque nous rendrons à M. d'Apremont la visite qu'il va nous faire, il faudra reprendre les mêmes habits, ou en mettre d'inférieurs. M. de Méran a froncé le sourcil. J'ai couru à mon piano, et j'ai touché cet air si gai, et qu'il aime tant, pour rappeler la sérénité dans son âme.

Je n'avais pas fini, que Jérôme est venu annoncer l'oncle et la nièce. « Ouvrez les deux battans, » lui a dit mon père.

Ils sont entrés, suivis de deux jeunes gens, très-empressés auprès de la demoiselle. Le cœur m'a battu avec une extrême violence ; toutes mes facultés ont passé dans mes yeux et mes oreilles.

Mademoiselle d'Apremont est bien, très-bien. Il est facile de trouver une figure plus régulièrement jolie : il n'en est pas de plus noble et en même temps plus prévenante ; son sourire est enchanteur. Sa taille est haute, fine et déliée ; elle ne fait pas un mouvement qui ne découvre une grâce nouvelle. Elle ne laisse à désirer qu'un peu plus d'embonpoint.

Elle m'a abordée avec la plus aimable cordialité; elle m'a adressé des choses extrêmement flatteuses, et qui n'avaient rien de recherché : ou je me trompe fort, ou elle a beaucoup d'esprit; elle a surtout celui du moment. Elle a monté la conversation avec moi jusqu'au terme qu'elle a jugé que je ne pouvais pas dépasser, et elle s'est arrêtée là. Mais quand l'entretien est devenu général, elle m'a étonnée par l'art avec lequel elle cachait, sous le plus aimable badinage, la force du raisonnement et la justesse des observations. Je l'aurais aimée dès ce moment, si j'avais pu cesser de voir en elle ma plus cruelle ennemie. Tu dois sentir, Claire, combien je suis vraie dans le jugement que je porte d'elle.

Cependant, elle a, je crois, vingt-deux ou vingt-quatre ans, elle doit réunir tous les suffrages, tous les vœux; elle a de la naissance, de la fortune, et elle n'est pas mariée ! Les hommes intéressés à bien voir auraient-ils quelque raison de la mésestimer ? Est-ce vraiment à elle que s'adressaient les trois billets, et aurait-elle déjà donné lieu à d'autres réflexions du genre des miennes ? Il est des momens où je le désire bien vivement, Claire. Il en est d'autres où je regretterais qu'un des plus parfaits ouvrages qui soient sortis des mains de la nature, se dégradât volontairement.

Il y avait au moins une heure que M. et mademoiselle d'Apremont étaient avec nous, et je n'avais pas jeté encore les yeux sur leur ajustement. Un amour violent absorbe-t-il nos autres facultés au point d'éteindre en nous cette avide curiosité, petite passion des femmes qui n'en ont pas d'autres ? Mademoiselle d'Apremont était mise avec la simplicité des grâces qui ne la quittent jamais. De la mousseline des Indes, du linon et des dentelles seulement ; mais tout cela est taillé avec tant de goût, et drapé avec tant d'élégance ! Son oncle portait un habit très-uni, un dessous de nankin, un chapeau et des souliers gris. Je n'ai pu m'empêcher de penser que mon père ressemblait un peu à ces comédiens qui passent, pour paraître un instant sur la scène, un habit brillant, qu'ils déposent quand la toile est baissée. La mise de ma mère et la mienne me rappelaient ces bonnes femmes qui, prêtes à monter dans une diligence, se chargent de tous leurs joyaux, pour éblouir des gens plus riches qu'elles. L'oncle et la nièce n'ont point paru s'apercevoir de ce travers, que j'aurais voulu nous épargner à tous. Mademoiselle d'Apremont n'a cessé de me combler de prévenances. Elle m'a fortement engagée à l'aller voir souvent pendant le temps qu'elle passera à Velzac. J'ai promis, Claire : elle me séduit complétement quand, à force d'amabilité, elle me distrait des projets de MM. d'Estouville et d'Apremont ; mais au moindre retour sur moi-même, je me promets bien de trouver le défaut capital qu'elle a sans doute, ou tous les hommes finiraient par tomber à ses pieds. Ces trois billets, ces trois billets!.... Mais avec autant d'esprit, de connaissance du monde et des convenances, est-il vraisemblable qu'elle se mette, pour ainsi dire, dans la dépendance d'une femme de chambre? Je torture mon imagination, et je ne trouve aucune explication satisfaisante de ce qui s'est passé dans ce parc.

J'ai examiné les deux jeunes gens, et je les crois très-tendrement attachés à mademoiselle d'Apremont. Je n'ai pas remarqué qu'elle accordât de préférence à aucun; mais elle leur marque une bienveillance, une sorte d'estime, et même des prévenances, bien propres à resserrer des liens que déjà peut-être il ne dépend pas d'eux de rompre. Peut-on jouer ainsi avec l'amour? Ou elle ne connaît pas son ascendant, ou elle ignore les peines d'un sentiment qui n'est point partagé. Je ne crois pas qu'elle ait le malheur d'être née très-sensible : elle conserve à tous les momens une liberté d'esprit qui prouve le calme de son cœur. Oh! si elle pouvait s'attacher à un de ces jeunes gens!

Après une conversation très-longue, très-variée, et par conséquent attrayante, l'oncle et la nièce ont pris congé de nous. A Velzac, comme en Normandie, on a l'amour-propre de juger les autres, et on se donne le plaisir d'en médire un peu. Monsieur et madame de Méran s'accordent parfaitement avec moi sur les agrémens et les qualités de mademoiselle d'Apremont. Ils pensaient d'abord qu'elle pourrait être un peu plus réservée; mais je leur ai fait remarquer que son âge autorise certaines choses, qui seraient déplacées dans une jeune personne de dix-sept à dix-huit ans; qu'il n'est pas de femme qui ne sente intérieurement ce qu'elle vaut, et que le désir de briller est presque légitime, quand on a tout ce qu'il faut pour se le faire pardonner. Mon père et ma mère sont revenus à mon avis. Tu vois avec quelle loyauté je me conduis envers celle que toute autre que moi détesterait peut-être. Toute à l'amour, je sais souffrir, me plaindre, pleurer, et je ne peux haïr.

J'ai donné peu d'attention à l'oncle. Monsieur et madame de Méran lui trouvent un grand sens, de la facilité, de la tenue; mais ils le croient opiniâtre, et même irascible. Ils ont loué sa taille, sa tournure, son maintien, et la régularité de ses traits. Je ne sais pas encore bien quelle est sa figure; mais il a cinquante ans, et n'en eût-il que vingt, il ne ferait pas sur moi la plus légère impression.

J'ignore si mon père a été frappé de

mes réflexions sur sa broderie et sur notre parure très-recherchée à ma mère et à moi. Mais il les a rendues nulles en décidant que la visite de M. d'Apremont lui serait rendue cet après dîner. Comme on ne fait pas ordinairement deux toilettes par jour, il est tout simple de nous présenter dans l'état où nous sommes ; comme on ne se pare pas tous les jours à la campagne, et que M. d'Apremont nous a donné l'exemple de la simplicité, on ne conclucra rien contre notre garde-robe, en nous voyant mis selon notre usage habituel. Mon père ne m'a pas communiqué ses idées à cet égard ; mais voilà probablement ce qu'il pensait.

Jeannette a ponctuellement suivi les instructions que je lui ai données, et elle n'a pas perdu un instant. Elle a pris pour s'introduire au château, un prétexte assez adroit. Elle a demandé à saluer les femmes de mademoiselle, et à leur donner sur les localités, qu'elles ne connaissent pas encore, tous les renseignemens dont elles peuvent avoir besoin. On a paru lui savoir très-bon gré de ses prévenances, et il ne lui a fallu qu'un moment pour se mettre au mieux dans l'esprit de la première femme-de-chambre. Il a suffi de louer la finesse de sa taille, la beauté de ses cheveux blonds, et le goût de sa robe de taffetas gris, pour en recevoir l'invitation de voir le château, et ensuite, celle beaucoup plus intéressante, d'aller se reposer dans sa chambre. La flatterie, contre laquelle on s'élève tant, est-elle naturelle à l'homme ? Sans aucun art, et peut-être sans réflexion, Jeannette a trouvé la corde qu'il fallait pincer.

Le caquetage s'est monté d'une manière suivie dans cette chambre. Julie n'est pas fine, et cependant elle se vante d'avoir la confiance de sa maîtresse. Je doute à présent que mademoiselle d'Apremont la donne à personne. On s'est entretenu, selon l'usage, de tous les individus qui habitent le château. Trois de ces messieurs, au moins, sont éperduement amoureux de la demoiselle, qui paraît ne se décider pour aucun, et ses irrésolutions sont très-lucratives pour Julie, à qui on suppose une influence qu'elle ne peut avoir. Ce matin même, elle a reçu dans le parc des cadeaux que chaque aspirant lui a remis en cachette, et déployant trois papiers, qui étaient sur sa commode, elle a fait voir à Jeannette une bourse à monture d'or, une montre émaillée, et de jolies boucles d'oreilles. Décidément cette fille ne sait rien : si elle avait le secret de sa maîtresse, elle serait moins communicative. Il résulte de ce que je viens de te dire, que j'ai pu me tromper à l'égard des trois billets ; mais ce qui change en certitude le soupçon d'un défaut essentiel, c'est que mademoiselle d'Apremont a été plusieurs fois au moment de se marier, et que les prétendans se sont retirés brusquement, sans daigner motiver un procédé aussi bizarre. Je connaîtrai ce défaut : il est impossible qu'il ne s'en manifeste quelque chose à des yeux constamment ouverts, et si je parviens à saisir un premier fil, je déchirerai bientôt le voile dont mademoiselle d'Apremont s'enveloppe.

Je sens bien que faire manquer ce mariage n'est pas assurer mon repos. Il est à Paris d'autres femmes qui peuvent convenir à M. d'Estouville. Cependant il tient beaucoup à la fortune, et une très-riche héritière ne se rencontre pas tous les jours. D'ailleurs, dans ma position, c'est beaucoup que gagner du temps.

Nous partons pour nous rendre au château. Je t'écrirai demain ce qui se sera passé.

Tout est grand dans cette maison. Le ton du maître est noble et imposant.

Mademoiselle d'Apremont reçoit, et prévient les besoins et les désirs comme elle fait tout, avec une aisance et une grâce, qui lui sont particulières.

Sept à huit personnes étaient venues de Tarbes, et avaient dîné au château. Quand nous sommes entrés, le salon était garni, et cette circonstance m'a paru favorable aux observations. Une demoiselle est plus réservée quand le cercle est rétréci, que dans une assemblée nombreuse, où elle ne peut être l'objet d'une continuelle attention. Les allans et venans changent sans cesse la forme du tableau, et les conversations particulières se lient sans inconvenance : c'est là ce que j'attendais.

Placée dans un angle, d'où je pouvais tout voir, j'avais d'abord été distraite par les lieux communs que m'adressaient ceux qui passaient près de moi. J'ai appris combien il est facile de se défaire d'un importun. Ces messieurs me donnaient un peu d'humeur, et je ne répondais que par oui et par non. Ils m'auront prise pour une imbécile; n'importe; en cinq minutes, je me suis trouvée aussi isolée, que si j'avais été seule dans le salon. Cette expérience m'a fait connaître qu'une femme, aimée de trois hommes, ne les fixerait pas long-temps, si elle ne prenait la peine de leur paraître aimable, et si même elle ne leur donnait des espérances. Cette première réflexion m'a conduite à penser que le défaut de mademoiselle d'Apremont pouvait bien être la coquetterie, et je n'ai pas tardé à me convaincre de la justesse de cette opinion.

Assise entre les deux jeunes gens qui l'avaient accompagnée chez nous, elle leur adressait alternativement de ces regards de feu qui portent le trouble dans les sens, et qui disent autant que l'aveu le plus positif. L'un d'eux lui a dit à l'oreille quelques mots, auxquels elle a répondu à haute voix, et en riant de tout son cœur, probablement pour ôter à l'autre tout soupçon d'intelligence entre elle et son rival. Je voyais son genou s'approcher de celui de qui elle détournait la tête, sans doute pour lui prouver que, même en écoutant ce qu'on lui disait ailleurs, elle s'occupait exclusivement de lui. La satisfaction se peignait dans les traits de ces pauvres jeunes gens. Ils faisaient, pour l'empêcher d'éclater, des efforts qui ne m'échappaient pas, et ils se regardaient, de temps en temps, avec un rire ironique, qui prouvait que chacun d'eux insultait intérieurement au malheur de son concurrent.

Bientôt une autre scène a attiré mon attention. On avait lié quelques parties, et le troisième prétendant était enchaîné à une table de boston. Il ne perdait rien de ce qui se passait au fond de la salle, et le dépit, l'indignation, la jalousie, contractaient une figure vraiment inté-

ressante. Les yeux de mademoiselle d'A-
premont se portent sur cet autre infortuné ; elle se lève, se fait avancer un
fauteuil par ceux mêmes qu'elle quitte;
elle s'assied auprès de celui qu'elle tor-
turait depuis un quart-d'heure, et sous
le prétexte de voir son jeu et de le con-
seiller, elle approche la tête jusqu'à
pouvoir respirer son haleine, et, dans
cette position, son bras se trouve accollé
au sien depuis l'épaule jusqu'au coude.
Tu n'as pas d'idée, Claire, de la révolution subite qui s'est faite sur ce visage
si sombre quelques secondes auparavant.
Les nuages s'en sont éloignés ; l'hilarité
et le contentement y ont reparu. Les
deux autres observaient, aussi attentivement que moi, la table de boston, et
l'air d'une profonde affliction succédait
par degrés à l'ivresse dans laquelle je les
avais vu plongés. Il me semble qu'un
amant doit démêler un rival au milieu
de cent mille hommes, et ces trois mal-

heureux ne peuvent s'abuser sur leurs prétentions respectives. L'amour-propre, quelques demi-faveurs secrètes, persuadent à chacun d'eux qu'il est aimé; la légèreté de mademoiselle d'Apremont leur fait craindre ou de ne pas l'être assez, ou qu'elle leur échappe. Comme elle étudie leurs sensations! Comme elle paraît deviner leur pensée! Avec quelle facilité elle les calme, elle les rassure par un regard, un sourire, un mot qui semble jeté au hasard, et qui échappe à ceux qui n'ont pas d'intérêt à en saisir le sens! Ces jeunes gens sont une cire molle que cette femme modifie à son gré. Cela durera-t-il?

Je pense qu'il faut infiniment d'esprit pour bien jouer un rôle aussi difficile que celui dont se charge mademoiselle d'Apremont; mais quel travail effrayant il exige! il faut juger ce qu'il convient de faire, pour attirer l'homme indifférent, sans paraître lui faire d'avances ; il faut sentir ce qu'on peut accorder, pour le fixer, sans rien perdre de son estime. Il faut dissiper l'humeur et prévenir le dégoût, en le faisant passer à propos de la crainte à l'espérance. Il faut tout voir, tout faire de sang-froid, parce qu'un mouvement, un geste, une inflexion de voix doivent être calculés. Quel métier que celui-là ! qu'il est bas et pénible ! et quel est le prix de tant de soins ? La coquette en trouve-t-elle un à froisser, à déchirer, à désespérer des cœurs honnêtes, sans aucun avantage pour elle ? C'est à ce plaisir barbare que mademoiselle d'Apremont a sacrifié des établissemens avantageux. Une soif dévorante de plaire lui fait chercher sans cesse de nouvelles victimes, et l'homme dont elle accepterait la main, serait le plus misérable des êtres, s'il n'avait assez d'énergie pour la ployer sous un joug de fer. Mais quelle vie, Claire, que celle d'un mari réduit à tourmenter sa femme, pour alléger le poids ds ses propres maux! Oh! que Jules évite cette enchanteresse, comme l'homme prudent s'éloigne d'un précipice, dont les bords sont émaillés de fleurs.

C'est au plaisir barbare de faire des victimes, ai-je dit, que mademoiselle d'Apremont a sacrifié des partis convenables. Quelqu'esprit que je lui reconnaisse, quelqu'empire qu'elle ait sur elle-même, quelqu'adresse qu'elle mette dans sa conduite, est-il possible qu'elle soit constamment impénétrable ? Des hommes jaloux n'ont-ils pas dû enfin la juger, et la brusque retraite de quelques-uns ne prouve-t-elle pas que loin d'avoir rien sacrifié à son incalculable orgueil, elle a eu l'humiliation d'être abandonnée ? Qui sait si dans quatre jours, il lui restera un des trois êtres qu'elle tourmente aujourd'hui ? Dans quelques années, elle aura perdu ses agrémens. Successivement délaissée de tous ceux qu'elle aura attirés, et qui auront enfin apprécié ce cœur de glace et sa duplicité, elle vieillira sans avoir un ami. Digne punition de sa coquetterie effrenée.

Il me semble que mes observations, très-générales jusqu'ici, je l'avoue, suffiraient pour autoriser Jules à vouloir bien connaître celle qu'on lui destine, et à engager son oncle à l'étudier lui-même, avant de la jeter dans ses bras. Cependant, je ne m'en tiendrai pas à ce que j'ai vu hier. Je tâcherai de pénétrer dans les détails, de connaître quelque particularité qui me donne la mesure des mœurs de mademoiselle d'Apremont, comme j'ai celle de son caractère. L'occasion m'est offerte : son oncle donne dans deux jours une fête, à laquelle nous sommes invités. Le tumulte, l'espèce de désordre inséparable d'une réunion nombreuse, sont favorables à l'intrigue, et pourront servir ma jalousie.

Je ferai venir Jeannette au château. Elle est liée avec les femmes de la maison, il est tout simple qu'elle aille leur aider, et qu'elle s'amuse ensuite à voir danser. Je la chargerai d'observer de son côté.

Ne me reproche pas, Claire, de commettre la faute, dont j'avais cru d'abord mademoiselle d'Apremont coupable, celle de me mettre dans la dépendance de ma femme de chambre. Jeannette sait que Jules m'a été solennellement promis par mon père, que je suis forte de son consentement aux yeux de la raison et de l'équité, et que le malheur, qui nous a séparés, n'a pu désunir deux cœurs, qui battront éternellement l'un pour l'autre. Je cherche à me conserver un bien qui est à moi par le droit le plus légitime ; il n'y a rien dans tout cela qui puisse altérer l'estime que me porte Jeannette. Mademoiselle d'Apremont, au contraire, en confiant sa triple intrigue à Julie, se déshonorerait dans son esprit.

A propos, je ne t'ai rien dit de M. des Audrets : les accessoires disparaissent devant l'objet principal. Il m'a beaucoup regardée, m'a peu parlé, et ne m'a dit que des choses indifférentes. J'ai remarqué plusieurs fois, dans la soirée, que maman avait sans cesse les yeux sur lui, et c'est peut-être à sa surveillance que je dois la liberté dont j'ai joui.

Il est des momens où il me semble que je ferais bien d'appuyer mes récits d'un témoignage irrécusable, de celui de ma mère, par exemple. Je crois qu'il conviendrait mieux, que le jour de la fête j'errasse avec elle dans les appartemens et le parc, que seule ou avec Jeannette; mais à son âge et dans le calme absolu de ses sens, se prêterait-elle à des démarches que la passion seule peut rendre excusables ? Et puis consentirait-elle à éclairer M. d'Estouville sur la conduite de mademoiselle d'Apremont? En cherchant à l'éloigner de cette jeune personne, ne paraîtrait-elle pas vouloir le rapprocher de moi, et quelle serait sa confusion, si on lui refusait la confiance que nous accordent si rarement ceux dont les intérêts diffèrent des nôtres ? Ah ! Claire, pourquoi n'es-tu pas ici ? Toutes réflexions faites, j'agirai seule; je n'écrirai que pour le bien-aimé; son cœur et sa prudence feront le reste.

Je reçois ta lettre avec l'extrême satisfaction que j'éprouve toujours en te lisant. Mille et mille actions de grâces à l'homme charmant, qui aime avec persévérance autant qu'il est aimé. Ton fils, dis-tu, ajoute chaque jour quelque chose à ton bonheur. Ah ! je sens combien doit être cher à sa mère l'enfant d'un père adoré. Aurai-je quelque jour l'inexprimable félicité de presser contre mon sein celui de Jules? Ah! si le sort m'accordait cette faveur insigne, je serais plus qu'une mortelle. L'enfant chéri n'accroîtrait pas notre amour; il est tout ce qu'il peut être. Mais Jules me disputerait et ses premières caresses, et le plaisir d'assurer ses premiers pas, et celui de lui faire articuler le premier son. Le vois-tu, cet enfant, s'échappant des bras de son père, pour venir se jeter dans les miens? Jules le suit en tremblant; tous deux s'approchent de moi; nous formons un groupe immuablement uni par tous les sentimens qui font le charme de la vie, et nos parens, témoins de ces scènes délicieuses, bénissent le jour où ils nous ont unis.... Encore un rêve, ma bonne amie, rien qu'un rêve. Ah! laisse-moi rêver. Le temps donné à de si douces illusions est une conquête sur la plus cruelle des réalités.

Puis-je croire ce que je lis? Quoi, ces marques de reconnaissance, que me demandait d'avance M. des Audrets, sont des faveurs, qui puissent lui garantir l'abandon absolu de ma personne, lorsqu'il m'aurait mariée! Quelle perversité, quelle horreur. Oh! si je l'avais compris, je l'aurais, à l'instant même, écrasé du poids de mon indignation. Qu'il se garde de revenir sur de pareilles insolences : j'éclate, fussé-je au milieu de cent personnes. Et ma mère, qui a refusé de m'instruire! Pourquoi tenir dans l'ignorance une jeune fille que son âge même et quelques agrémens exposent à des dangers, dont la nature ne lui a pas donné d'idée? Je ne redoute pas les hommes qui ne m'inspirent rien, et je suis peut-être entourée de piéges, dont on croit me sauver par la surveillance seule. Mais la plus tendre, la plus active sollicitude ne peut-elle être trompée par la ruse, l'adresse, la duplicité? Mon ignorance elle-même n'était-elle pas une arme terrible contre moi ? L'inexpérience évite-t-elle un abîme vers lequel elle marche les yeux fermés ? Tu as ouvert les miens : je t'en remercie, Claire. Oh ! quel homme atroce que ce des Audrets !

J'ai passé deux jours sans t'écrire, parce que je n'avais à te rendre compte ni d'une sensation, ni d'une circonstance nouvelle. Je ne t'aurais parlé qu'amour, et je crains de te fatiguer en me répétant sans cesse. Et puis, ma bonne Claire, je t'avoue que je me suis occupée des dispositions nécessaires pour paraître convenablement à la fête de demain. Je voulais une mise au moins agréable et des couleurs qui ne me trahissent pas dans les ténèbres, si mademoiselle d'Apremont s'y enfonce, et que j'aie la hardiesse de m'y engager sur ses pas. J'ai arrangé une robe de levantine verte, que j'ai garnie de guirlandes de myrte. Je serai coiffée en cheveux, j'aurai des gants foncés; il ne me restera de blanc que le visage, et, quoi qu'en dise Jules, mes yeux ne porteront pas la lumière dans l'obscurité.

Je vais satisfaire un petit mouvement de curiosité. Je te quitte pour monter à ma tour, et voir quelque chose des préparatifs. Ils doivent être considérables, car M. d'Apremont veut donner la plus haute idée de sa magnificence et de son goût. C'est ainsi qu'il s'est expliqué avec son intendant et ses domestiques, à ce que m'a dit Jeannette, à qui Julie ne cache plus rien, même des très-légers défauts qu'elle a cru remarquer en sa maîtresse. La futilité des observations de cette fille est une preuve nouvelle de la prudence et de la discrétion de mademoiselle d'Apremont.

Tout est en mouvement dans le parc. Ici, on vide des paniers remplis de verres de couleurs, et on les suspend aux arbres. Là, on plante des solives, dont je ne prévois pas la destination.... Ah ! j'y suis, j'y suis : il y aura un feu d'artifice. Plus loin on a monté un orchestre, et deux peintres travaillent à faire du marbre avec de la toile et des ais de sapin. Là bas, est un superbe buffet.... Ah ! voilà mademoiselle d'Apremont. Elle joue avec un bouquet, qu'elle tient avec une négligence qui a quelque chose de voluptueux. Elle se promène, elle rit, elle folâtre avec M. Duverlant, c'est l'homme au boston de l'autre jour. Elle le quitte, pour aller parler aux ouvriers. Elle paraît les encourager, les louer ; son geste annonce la bienveillance, et je les vois pénétrés de sa bonté : cette fille-là veut plaire à tout l'univers. Elle revient à Duverlant ; elle le quitte encore, pour revenir à lui ; ils avancent, ils s'éloignent des ouvriers ; ils arrivent à l'endroit même où Julie, l'autre jour, a reçu le premier cadeau.

Là, ils s'arrêtent. Ils se croient invisibles. Leurs mouvemeus annoncent la chaleur de leur conversation. Oh! si je pouvais les entendre!

Duverlant sort un papier de sa poche, et mademoiselle d'Apremont en tire un de dessous son fichu.... L'échange est fait; chaque billet est à son adresse. Écrire à un homme qu'on n'aime pas! cela se conçoit-il ? Je ne dormirais plus, si un homme, quel qu'il soit, Jules excepté, avait en sa possession une preuve de mon imprudence, ou de ma faiblesse.

Mademoiselle d'Apremont se tourne vivement. A-t-elle entendu quelque chose?.... Ah! ce sont ses deux autres victimes qui volent sur ses traces. Elle va droit à ces messieurs; elle leur marque ce tendre empressement qui ne manque jamais son effet. Duverlant se dérobe dans la profondeur du bois. Il ne veut pas sans doute qu'on le surprenne seul avec la demoiselle ; ce serait exposer sa réputation. Comme il la sert !

Le maladroit ! Il a cru serrer son billet ; il l'a laissé glisser, je ne sais comment ; le voilà par terre. Fort heureusement les autres prennent la route du château. Mais quelqu'un, M. d'Apremont lui-même peut passer et trouver cette lettre. Quel mal elle ferait, si les autres ont aussi une correspondance ouverte, ce qui est assez vraisemblable. Quel bruit, quels éclats, quel scandale de la part de ces amans trompés, éclairés enfin sur le plus triste, et selon moi, le plus vil manége ! C'est ce qui pourrait m'arriver de plus heureux, et cette idée me fait frissonner. Malgré la pitié, qui me parle en faveur de mademoiselle d'Apremont, je donnerais tout au monde pour avoir cette lettre. Je l'enverrais directement à M. d'Estouville. Que dirait-il à l'aspect d'une pièce aussi convaincante ? Je vais faire courir Jeannette.... Est-ce bien moi, grand Dieu, qui médite un semblable projet ? Oui, oui, je vais envoyer prendre ce papier; mais pour le soustraire à tous les yeux. Je suis incapable d'en faire un usage répréhensible. Aucune considération ne me donne le droit de déshonorer mademoiselle d'Apremont.

O quel malheur ! des Audrets seul, rêvant, arrangeant peut-être quelque perfidie, des Audrets prend l'allée qui conduit à l'endroit où est tombé ce malheureux papier. Peut-être ne le verra-t-il pas ; il occupe si peu d'espace ! Le méchant avance, et mon cœur bat presqu'aussi fort que si j'étais la coupable. Il arrive, l'y voilà, il va passer.... non.... oui, oui, il va passer.... il a vu le billet, il se baisse, il le prend, il l'ouvre, il le lit ; il est l'ami intime de M. d'Apremont. Comment cela finira-t-il ?

Duverlant revient sur ses pas. Il regarde, il cherche.... Il n'est plus temps. Ce jeune homme paraît profondément affecté. Il passe à côté de des Audrets ; ils se saluent, ils s'éloignent ; je ne les vois plus.

Je descends, affligée, fatiguée. Je rentre, et je trouve au salon un ancien officier de marine, invité à la fête, et qui s'est empressé de venir rendre ses devoirs à mon père, avec qui il a fait plusieurs campagnes. Il demeure à dix lieues de Velzac, et il est arrivé aujourd'hui, pour ne rien perdre de la fête de demain. Il connaît beaucoup M. d'Apremont, et les personnes qui composent sa société. J'avais vraiment besoin d'être rassurée sur les suites que peuvent avoir les démarches plus que hasardées de la demoiselle. Peut-être Duverlant lui convient-il, et alors, quelqu'usage que des Audrets fasse de sa lettre, elle n'aura été qu'imprudente. J'interroge l'officier de marine sur les qualités, l'état, la fortune de plusieurs de ces messieurs : c'est un détour que je prends, pour arriver, sans donner de soupçons, à ce pauvre Duverlant... Oh! bassesse. Oh! infamie. Il est marié Claire, marié depuis deux ans à une amie intime de mademoiselle d'Apremont. Et elle reçoit ses lettres, et elle lui écrit, et elle ne l'aime pas; elle n'aime personne. Elle enlève à une femme intéressante le cœur de son mari, uniquement pour satisfaire sa vanité. Quel nom donner à une semblable conduite? Je n'en connais pas.

Fatiguée, au-delà de toute expression, de réfléchir à des horreurs, dont je n'avais pas d'idée, et que je ne conçois pas encore, je me suis retirée dans ma chambre, et ce matin, je me suis décidée à suivre dans les ténèbres ces mystères d'iniquité. Que de choses ils couvriront de leurs voiles, si j'en juge par ce qu'on se permet en plein jour. Quoi qu'il arrive à mademoiselle d'Apremont, je ne la plaindrai pas.

CHAPITRE II.

Suite du précédent.

Je reçois un billet de mademoiselle d'Apremont. Elle me dit que la fête commencera par un déjeûner, et elle me prie d'engager monsieur et madame de Méran à se rendre au château à dix heures. Elle a trouvé l'art d'écrire là-dessus trois pages, qui m'auraient tourné la tête, si je n'avais pénétré dans l'intérieur de cette femme. Je ne m'étonne plus de ce que ses amans, qui peuvent tout lui dire, et à chaque instant du jour, lui écrivent pour obtenir d'elle des réponses, dont ils doivent faire le plus grand cas. Mais pourquoi use-t-elle son esprit avec moi, qui n'ai ici nulle influence ? Il entre peut-être dans son plan de se faire des partisans, des appuis de tous ceux qui l'approchent contre quiconque oserait l'attaquer.

J'ai remis son billet à mon père. « C'est « la simplicité de madame de Sévigné, « s'est-il écrié, unie à une pureté de « style, et à une grâce d'expression que « n'a pas toujours le modèle. » Il s'est hâté de s'habiller. Nous sommes partis.

J'ignore si elle avait aposté quelqu'un; mais elle a paru au haut du péristyle, au moment où nous mettions le pied sur les degrés. Son premier sourire, son premier mot ont été pour M. de Méran, ce qui n'est pas dans les convenances, et une fille comme elle ne les enfreint jamais involontairement. Aurait-elle conçu l'odieux projet de prendre aussi mon père dans des lacs que bientôt il ne pourrait plus rompre ? J'en jugerai avant qu'on ait fini de déjeûner, et cette petite fille, si simple, si peu redoutée, devant qui on ne prendra pas même, peut-être, la peine de dissimuler, arrêtera le mal dès sa naissance.

Oui, Claire, oui, elle a des projets. Elle a placé mon père auprès d'elle; toutes ses prévenances sont pour lui, et elle ne lui adresse pas un mot, qui ne soit un éloge indirect. M. de Méran l'écoute avec un plaisir qu'il ne pense plus à cacher. Les trois rivaux, beaucoup plus jeunes que lui, ne paraissent pas s'en occuper, et louent peut-être intérieurement la prudence de la demoiselle, qui détourne d'eux l'attention générale. Moi, je ne dis rien : je regarde et j'écoute. Voilà la seconde fois que je joue ce rôle dans ce château. N'importe.

Une symphonie concertante se fait entendre du salon. On se lève, on se précipite. Mon père a donné la main à mademoiselle d'Apremont; il la conduit à un fauteuil, et il se place auprès d'elle. Il lui parle avec une chaleur, qui, je l'espère, n'est remarquée que par moi. Elle ne lui répond que des mots ; mais sa physionomie a l'expression de la plus douce tendresse, et elle l'écoute en marquant la mesure sur le dos du siége qu'il occupe. Je crois que l'extrémité de ses doigts effilés et purpurins doivent effleurer quelquefois son épaule. Ce spectacle me révolte, m'indigne. Je me lève, je tourne en dehors du cercle, je m'approche de mon père, et j'entends distinctement ces mots : « Monsieur le « comte, un homme aimable n'a pas « d'âge : les grâces se plaisaient à cou- « ronner de myrtes les cheveux blancs « d'Anacréon. » Quel chemin cette fille a fait en moins de deux heures ! Il faut que les hommes aient un fonds prodigieux d'amour-prore, pour que mon pauvre père donne dans un piége tendu avec une précipitation aussi remarquable. Je me fais voir à tous deux ; c'est moi maintenant que la demoiselle comble de caresses, et elle revient à son but par un détour : elle me félicite d'avoir un père qui joint les qualités les plus aimables à un mérite distingué. Je dois être fière de lui appartenir. Je l'aime sans doute autant qu'il mérite de l'être... Sais-je tout ce qu'elle m'a dit ? Mon père paraissait me voir là avec impatience. Cependant, piquée d'une leçon indirecte, que je ne méritais pas, et que mademoiselle d'Apremont avait, moins que personne au monde, le droit de me donner, je lui ai répondu assez sèchement, que je connais au moins autant mon père et mes devoirs que ceux qui veulent bien se donner la peine de s'occuper du premier et de me rappeler les seconds. Je suis passée plus loin, étonnée de la fermeté que je venais de mettre dans ma réponse. Je ne suis plus cette enfant craintive, qui redoutait jusqu'à son ombre. Je crois, Claire, que mon caractère se développe dans les proportions de la connaissance que j'acquiers du cœur humain, et les circonstances me font avancer rapidement.

Retirée dans un coin, j'arrangeais aussi des plans. Le premier, auquel je me suis arrêtée, était de tirer à part mademoiselle d'Apremont ; de lui dire qu'elle pouvait se borner à mettre la désunion entre sa meilleure amie et M. Duverlant; qu'elle n'aurait jamais à tenter d'entreprise plus glorieuse en ce genre, et que le dessein de brouiller deux époux avancés en âge était au-dessous d'elle. J'ai réfléchi aussitôt que j'éveillerais la défiance, et que j'avais besoin de toute la sécurité de mademoiselle d'Apremont, pour tirer un parti avantageux de cette journée, et surtout de la nuit. Je me suis décidée à continuer mon rôle passif, et à raconter demain, en déjeûnant, et sans intention apparente, tout ce que j'aurais découvert. Démasquer cette fille, c'est mettre mon père à l'abri de ses séductions, c'est lui épargner des chagrins, c'est remplir un devoir sacré.

On blâme, on méprise, on évite une jeune personne qui a eu une faiblesse, répréhensible sans doute, mais qui a fait le bonheur de son amant. On estime, on recherche, on fête, on adule une fille dont le cœur est toujours froid, et la tête sans cesse exaltée ; qui abuse de ses charmes et de ses talens pour asservir, tourmenter, torturer tout ce qui l'approche ; qui ne trouve pas de conquêtes au-dessous d'elle ; qui s'applaudit lorsqu'elle trouve une nouvelle victime, ou un esclave de plus, dont elle grossit sa cour ; qui, sous l'apparence de la sensibilité la plus vraie, est réellement sans pitié ; qui rit en secret des larmes qu'elle a fait répandre, et qui calcule le jour et l'heure où elle en fera couler d'autres. Voilà, Claire, voilà un fléau de l'humanité ; voilà la dispensatrice d'un poison, d'autant moins redouté qu'il est caché sous des grâces toujours piquantes ; voilà la femme qui trouble les familles, qui brouille le fils et le père, l'époux et l'épouse ; voilà le monstre que la nature a formé dans un moment d'erreur, et que la société devrait rejeter de son sein. Les gens superficiels jugent qu'on n'a rien d'essentiel à lui reprocher, parce qu'elle a des mœurs. Consultez ceux de ses amans qui l'ont jugée enfin, et qu'ils vous disent à quel supplice affreux elle les a condamnés. Elle a des mœurs ! Et comment n'en aurait-elle pas ? Son âme est desséchée par l'orgueil ; son imagination a usé ses sens. Et qui sait s'ils ne se raniment pas quelquefois ; si elle n'a pas succombé à l'instant où elle croyait avoir le plus d'empire sur elle-même ; si son premier vainqueur, trompé pour un autre, ne s'est pas éloigné dans le silence que doit toujours garder un honnête homme? Oh, que de secrets cette nuit peut révéler!

La symphonie concertante est terminée, et l'on se presse autour de mamoiselle d'Apremont. Elle chante avec un goût, une précision! Elle a un organe si flatteur! Que serait le concert, si elle ne daignait se faire entendre? Voilà ce que lui répète, jusqu'à satiété, la jeunesse brillante qui l'environne. Le moyen de résister à des instances aussi soutenues! Comment n'être pas enivrée de tant d'adulations! La demoiselle se lève; M. de Méran la conduit au piano. « Voyez, monsieur le comte, prenez « le morceau que vous préférez. » Mon père est flatté, enchanté de cette nouvelle marque de déférence. Il exciterait l'envie, s'il pouvait être un rival redoutable.

Tu sens, Claire, que toute cette musique a été triée d'avance, et qu'il importe peu à mademoiselle d'Apremont quel morceau mon père choisira. Il prend un air de Gulistan.

Elle prélude; elle commence. Un silence absolu règne dans toutes les parties du salon. Les auditeurs, penchés vers l'instrument, semblent vouloir franchir l'espace qui les en sépare. Ils retiennent leur haleine; ils craignent de perdre un son. Le contentement, l'admiration se peignent sur toutes les physionomies. Elle finit; on la couvre d'applaudissemens; elle en méritait. Sa voix a peu de volume; mais elle est pure, harmonieuse, et elle en tire un grand parti. Il ne manquait à son triomphe qu'un objet de comparaison, et c'est à moi que ces messieurs ont bien voulu donner la préférence. Comment penser qu'une petite fille, qui ne dit mot, qui est toujours cachée dans quelque coin, soit modeste par un autre motif que le

sentiment de son infériorité ? M. d'Apremont s'approche de moi. « Des Au-
« drets m'a dit, mademoiselle, vous
« avoir entendue, d'un peu loin, à la
« vérité, et ses éloges font désirer à
« l'assemblée de jouir d'un plaisir nou-
« veau. Rendez-vous à nos vœux. » Je
me lève, et je me laisse conduire, sans
marquer de confiance, et sans paraître
redouter une défaite. Je prends une partition au hasard. « C'est Didon, c'est
« Didon, » chuchote-t-on autour de
moi, et la glace me renvoie un sourire
équivoque, qui n'a rien d'encourageant :
ces messieurs ne savent pas que j'ai eu
l'amour pour maître. J'invoque le bien-aimé, et je fais courir mes doigts sur
l'instrument. On ne rit plus ; on est attentif. Je chante l'air : *Ah ! que je fus
bien inspirée*, etc., avec autant d'aisance que si j'étais dans ma chambre.
Je veux faire sentir à mon père que
mademoiselle d'Apremont n'est pas la

première femme du monde dans tous les genres. Demain, je lui prouverai qu'elle doit beaucoup à un manége constamment étudié. Ce dernier point convenu, elle cessera d'être dangereuse pour lui.

Je finis mon air, et je continue, pendant quelques minutes, à badiner l'instrument dans tous les tons. Je me lève au moment où on paraît être dans une sorte d'extase, et je me retire dans mon coin. On vient à moi; on me presse de me remettre au piano : c'est là que je les attendais. Entre Jules et toi, j'aurais chanté des heures entières. Je voulais laisser à mon auditoire la haute opinion qu'il avait conçue de moi, et je sais que je ne suis pas également forte, ni toujours heureuse dans mon exécution. Je me suis refusée aux plus vives instances, et pour punir un peu mademoiselle d'Apremont de n'avoir pas joint son suffrage à ceux de l'assemblée, j'ai été la prier de reprendre la place que lui assigne la supériorité de son talent. Je mentais, elle l'a senti, et son amour-propre l'a clouée sur son siége. Quelques jeunes gens ont essayé différens morceaux qui ont produit peu d'effet. De ce moment, la musique instrumentale a brillé seule, et elle a terminé le concert.

Tout ce qui n'est pas attaché au char de mademoiselle d'Apremont s'est réuni auprès de moi. Je me suis vue au milieu d'une cour, et si j'étais capable de vouloir plaire à ceux que je ne peux aimer, je pouvais rendre l'instant décisif, et partager ce petit univers avec une rivale. Je me suis rejetée dans mes monosyllabes, et mes courtisans se sont éloignés les uns après les autres, regrettant probablement de ne trouver en moi qu'une machine à sons. Dis à Jules que cette humiliation volontaire ne m'a rien coûté, et que c'est de lui seul que je veux être connue, appréciée.

On se répand dans toutes les parties du parc. On a eu soin d'y multiplier les jeux. La balançoire, la bague, les courses sur l'eau vont occuper cette brillante jeunesse ; je pense moi à le connaître, à étudier le terrein ; je prends le bras de ma mère, et je l'entraîne, sous le prétexte de voir ce parc si varié, si romantique. Je remarque d'abord que l'illumination ne s'étendra pas à plus de deux cents toises du château. Au-delà des derniers verres de couleur, je trouve un pavillon chinois, ouvert de tous les côtés. On y monte par des degrés, élevés sur les quatre faces. Entre chaque escalier, sont des vases de marbre blanc, placés sur un talus couvert en gazon. Plus loin, sont des kiosques, des grottes et autres retraites tellement éloignées, et si bien closes, qu'il n'est pas présumable qu'une femme, qui tient à sa réputation, s'expose à y être surprise avec un homme. Le pavillon chinois sera assez éclairé, pour qu'on puisse aller s'y reposer sans se rendre suspect. Il ne le sera pas tellement qu'on craigne d'y accorder quelques légères faveurs, qui ne satisfont pas un amant, mais qui lui persuadent qu'il est aimé et qui le fixent. On peut causer en liberté dans un endroit élevé, d'où personne ne peut approcher sans être vu de ceux qui ont tant d'intérêt à ne pas se laisser entendre. Ces conversations doivent rouler sur les souvenirs du passé, sur les espérances de l'avenir. Mademoiselle d'Apremont se mettra à découvert. C'est sur ce pavillon que j'aurai sans cesse les yeux.

Une réflexion que j'ai déjà éloignée, se reproduit malgré moi. Suivre les pas de quelqu'un, épier ses actions, l'écouter, surprendre jusqu'à sa pensée, n'est-ce pas manquer à l'honnêteté, à la délicatesse, à la retenue qui sied à une jeune personne ? N'y a-t-il pas de la bassesse à profiter d'avantages qu'on ne doit qu'à une espèce de trahison? Voilà ce que je me demande à moi-même, et ce qui alarme ma conscience, dont je ne sais pas, dont je ne veux pas étouffer la voix. Cependant quand je compare ce que je dois à chacun des êtres qui composent la société à la tendresse exclusive que j'ai vouée à Jules et à mon père ; quand je pense qu'il s'agit du bonheur du premier et du repos du second; que négliger de les éclairer, c'est les pousser moi-même dans le précipice que je vois ouvert sous leurs pas; quand je me dis que ce secret sera renfermé entre nous; que d'ailleurs une coquette, qui est l'ennemie de tous, n'a droit aux ménagemens de personne, la force de mes premiers raisonnemens s'atténue, mes craintes se calment, mon audace renaît et se soutient de la pureté de mes intentions. Le sort en est jeté : je connaîtrai mademoiselle d'Apremont.

Je ramène ma mère à la grande pièce d'eau, autour de laquelle la foule est rassemblée. Les regards sont fixés sur deux nacelles dorées, que l'amour a chargées de guirlandes de fleurs et d'emblêmes ingénieux. La belle d'Apremont est dans l'une, et ses amans sont ses rameurs. Dans l'autre est une jeune femme qui paraîtrait jolie, si sa concurrente ne réunissait au plus haut degré tous les genres de séduction. On va disputer le prix de la course : ce sont trois écharpes vertes que les vainqueurs porteront pendant la durée de la fête, et qu'ils recevront des mains de celle pour qui ils auront vaincu. Il est facile de prévoir qui favorisera la victoire : la jeune dame a pour rameurs son mari et ses deux frères.

Une musique militaire donne le signal du départ. Les rames frappent ensemble l'onde unie et transparente. Deux hommes seulement manient l'aviron ; le troisième tient la barre du gouvernail, et se dispose à couper la barque rivale. La fortune paraît indécise pendant quelques minutes. Mademoiselle d'Apremont est inquiète; elle encourage ses rameurs du geste et de la voix. La proue de l'autre nacelle a dépassé la sienne; la barre du gouvernail est tournée; quelques secondes encore, elle va présenter le flanc, et arrêter, en continuant de s'élancer vers le but, la femme ambitieuse, qui prétend à tous les genres de gloire. Elle se croit perdue et ne se déconcerte pas : elle promet un baiser à chacun de ses rameurs. Ils font des efforts terribles et soutenus; ils repoussent la barque ennemie avec une violence qui fait craindre qu'elle chavire. On pousse un cri d'effroi. M. d'Apremont rassure les esprits, en criant qu'il n'y a que deux pieds d'eau. Le rire succède aux larmes.

La jeune femme, qui court contre

mademoiselle d'Apremont, croit reprendre son avantage, en promettant aussi à ses rameurs une récompense qu'on pouvait mettre fort au-dessus d'une écharpe. Mais qu'est la promesse d'un baiser, pour un mari qui peut en prendre mille, et pour des frères qui s'en soucient peu? Ils ne sentent que la fatigue; les autres l'oublient en regardant mademoiselle d'Apremont. Sa nacelle vole; elle arrive; elle glisse mollement sur une pente douce, émaillée de fleurs. Mademoiselle d'Apremont s'avance au bruit d'une fanfare et des applaudissemens; elle détache les écharpes de l'ormeau auquel on les a suspendues; ses jolies mains en décorent les vainqueurs; sa tête charmante présente le second et le plus précieux des prix; ses joues rosées reçoivent le triple hommage de la reconnaissance et de l'amour.

Mon père avait eu les honneurs du déjeûner, et une heure de conversation pendant le concert. Il était tout simple que le dîner appartînt à ceux qui avaient procuré un nouveau triomphe à mademoiselle d'Apremont. Quel prétexte naturel de les placer auprès d'elle, de les dédommager des privations du matin, de les leur faire oublier ! Quel art que celui de prévoir le moment où des plaintes éclateroient, de les prévenir, de concilier des intérêts opposés, de satisfaire tout le monde ! L'art par excellence serait de pouvoir aussi se contenter soi-même. Mais la satisfaction intérieure est le résultat de nos actions et non de froids calculs; et que pensent, que font de louable ces petits monstres qu'on aurait dû étouffer le jour de leur naissance ?

M. de Méran paraît souffrir, et il est auprès de la jolie dame, qui a disputé le prix à mademoiselle d'Apremont. Mais cette dame n'a pas étudié la grâce et l'expression d'un geste, le piquant de telle ou telle pose; elle ignore ce jeu de physionomie qui séduit, qui entraîne ; elle ne connaît pas ces mots, qui ne compromettent pas, et qui cependant disent tout. Elle aime son mari dans toute la simplicité d'un bon cœur : à qui pourrait-elle plaire ?

On quitte la table, et M. de Méran essaye d'approcher de l'enchanteresse. Le premier coup d'archet la lui ravit. Elle passe au salon avec Duverlant ; vingt couples la suivent, et la walse commence. Ah ! Claire, on ne danse pas comme cela sans avoir consacré des années au plus futile de tous les talens, et cette perfection même annonce un cœur et une tête vides. L'admiration est générale, et si je communiquais la réflexion que je viens de faire, mademoiselle d'Apremont ne serait plus qu'une femme ordinaire.

La walse finit, et elle propose d'aller former des contredanses sous les grands marroniers. Un désir qu'elle exprime est l'équivalent d'un ordre : on obéit avec empressement. On a porté la prévoyance jusqu'à placer sur le sable un vaste parquet portatif et un riche pavillon s'étend au-dessus des danseurs et les garantit du grand air et de la rosée. Un jeune homme, d'une assez jolie figure, vient m'inviter. Je danse comme tous ceux qui ne mettent aucune prétention à un simple amusement; et j'ai l'amour-propre de ne pas vouloir contribuer à faire briller celle qui a persuadé à tous ceux qui sont ici que des agrémens sont des qualités. D'ailleurs, je veux rester libre : le moment des révélations approche, ou je me trompe fort.

Mademoiselle d'Apremont refuse de danser la seconde contredanse. Sachons à quoi elle va employer le tems. Je vais, je viens, je me jette derrière le buffet, je cherche le pavillon chinois, je crois y arriver par un détour, et je m'enfonce

dans une espèce de labyrinthe dont je ne connais pas l'issue. Là, je rencontre... j'en frissonne encore, je rencontre des Audrets. Il veut me prendre la main ; je repousse la sienne avec un cri d'indignation, et le geste du mépris le plus marqué. «Vous êtes une enfant, me dit-
« il ; vous contez tout à votre maman ;
« à quoi cela vous menera-t-il? Une
« femme attachée à son mari se garde
« bien de lui parler de choses qui se
« terminent ordinairement par un duel.
« Ainsi je n'ai à craindre que la mau-
« vaise humeur de madame de Méran,
« et je m'en soucie peu. La vôtre se dis-
« sipera, et vous céderez à la force de
« mes moyens. J'ai affaire ailleurs, et je
« vous quitte. » Il me laisse, confondue de la scélératesse profonde qu'il ne se donne pas la peine de dissimuler. Je tremblais de m'être trouvée, seule dans des lieux écartés, exposée aux attentats de cet homme. Je sentais quelles suites

pouvait avoir mon imprudente entreprise; j'allais y renoncer; déjà je revenais sur mes pas. Jeannette me joint à quelque distance du buffet. Elle a entendu mademoiselle d'Apremont dire à des Audrets, sous le péristyle : *pendant la seconde contredanse.*

Elle a refusé de danser; des Audrets m'a quitté parce qu'il a affaire ailleurs; elle lui a donné un rendez-vous. Un rendez-vous à des Audrets! mais en quel lieu? Et quand je le saurais, oserais-je les suivre? Je confie à Jeannette mes observations sur le pavillon chinois, mes projets, mes craintes actuelles et mon irrésolution. Elle croit le moment décisif contre mademoiselle d'Apremont ; elle me presse de ne pas le laisser échapper. Elle m'encourage en me représentant Jules, cédant, comme tant d'autres aux piéges, aux séductions, m'oubliant, et signant le malheur du reste de sa vie. Elle n'a rien à ajouter sur la faiblesse de mon père : je le respecte trop, pour en parler à d'autres qu'à toi. Que le bien-aimé n'en sache rien. C'est, je l'espère, la seule chose que j'aurai jamais à lui cacher.

Jeannette me persuade, m'entraîne. Elle s'est souvent promenée dans le parc avec Julie ; elle le connaît parfaitement. Elle me conduit au pavillon par le côté opposé aux lumières. La base de ce bâtiment, élevée de huit à dix pieds, porte sur nous une ombre épaisse ; il n'est pas présumable que nous soyons découverts. Cependant le cœur me bat avec une force extraordinaire ; je sens mes genoux ployer sous moi ; Jeannette a de la peine à me soutenir.

Nous approchons. Oui, c'est ici le lieu de la scène. On parle à demi-voix ; il m'est impossible de distinguer un mot. Pourrons-nous approcher encore sans être découverts ? Oui. Ceux qui sont dans le pavillon doivent être tournés vers l'endroit où on danse : c'est de là seulement qu'on peut venir, quand on n'a pas de raisons de se cacher, et mademoiselle d'Apremont ne peut soupçonner les miennes. Nous avançons sur la pointe des pieds, et à la faveur des ténèbres, nous nous glissons entre les vases qui décorent le pourtour du bâtiment.

« Je vous l'ai déjà dit, votre oncle,
« qui paraît si ferme dans ses opinions,
« n'a que celles que je lui communique,
« et il n'y tient qu'autant que j'ai inté-
« rêt à ne pas l'en faire changer. C'est à
« moi seul que vous devez la rupture du
« mariage qu'il voulait faire, il y a trois
« mois; vous savez à quel prix j'ai con-
« senti à vous conserver sa fortune ; dès
« long-temps je devrais l'avoir reçu, et
« je n'entends pas que vous différiez
« davantage. » C'est l'infâme qui prétend m'aimer, me réduire, dont mademoiselle d'Apremont a maintenant à se

défendre. « Est-ce pour me répéter ces
« sottises-là que vous m'avez demandé
« un rendez-vous ici ? Vous pouviez
« me les dire partout. — Ce n'est pas en
« courant qu'on traite un semblable su-
« jet. J'ai voulu vous parler de vos vrais
« intérêts, vous les faire sentir, connaî-
« tre votre dernière résolution, et en
« profiter. — La voici. Je n'ai jamais eu
« de faiblesse, et si je voulais m'en per-
« mettre une, vous devez croire que
« vous n'en seriez pas l'objet. — Je me
« rends justice ; aussi n'est-ce pas de l'a-
« mour que je vous demande. Votre
« possession me suffit, je la veux, et je
« l'obtiendrai. — Vous ne m'avez jamais
« parlé avec cette insolence. — C'est que
« je n'avais pas d'armes contre vous.
« Vos relations très-intimes avec Du-
« verlant, Beauclair et Vertpré ne m'é-
« taient pas connues : j'en ai des preu-
« ves évidentes, et je m'en servirai, si
« vous m'y forcez. — Des Audrets, je

« vais être aussi franche que vous. Je
« n'aime aucun homme; je m'amuse de
« tous. Je dois peut-être à ma froideur
« la conservation de ce qu'on appelle
« vertu. Mais la mienne n'a reçu au-
« cune atteinte, et une femme est bien
« forte, quand on n'a rien à lui repro-
« cher. Que direz-vous à mon oncle
« que je ne puisse démentir ? — Que
« vous ne craignez pas de trahir l'amitié
« dans la personne de madame Duver-
« lant; que vous avez séduit, aveuglé
« son mari; que vous lui écrivez des
« lettres passionnées ; que j'en ai une à
« ma disposition. Cette lettre est là, dans
« ma poche. Je vais vous la rendre, ou
« vous perdre; décidez-vous à l'instant.
« — M. des Audrets... M. des Audrets...
« vous ne ferez pas cette action atroce...
« Vous n'en êtes pas capable. — Je le
« suis de tout pour vous obtenir. Vous
« êtes à ma discrétion, vous le sentez,
« rendez-vous. — Laissez-moi... laissez-

« moi, vous dis-je, ou je vais jeter des
« cris, qui seront entendus du château.
« On accourra, je vous accuse, je vous
« diffame, je vous fais chasser d'ici. —
« Vous n'êtes point assez forte pour ar-
« racher le masque de vertu que je porte
« depuis vingt ans; votre oncle ne vous
« croira pas. — Il croira au désordre où
« vous m'avez mise, à celui où vous
« serez vous-même, car je suis résolue
« à me défendre jusqu'à la dernière ex-
« trémité. »

Un silence de quelques secondes a
régné dans le cabinet. Mademoiselle d'A-
premont a repris la parole. « Voulez-
« me rendre ma lettre à Duverlant ? —
« Jamais. — Hé bien, je vais trouver
« mon oncle; j'avoue franchement ma
« faute, je la pleure; j'ai toujours des
« larmes à ma disposition. Je déclare à
« M. d'Apremont l'usage infâme que
« vous voulez faire de cette lettre; je
« tourne son indignation contre vous ;

« j'obtiens mon pardon, et reprenant
« sur lui le juste ascendant que vous
« n'avez jamais pu me faire perdre, je
« lui fais retirer la main bienfaisante qui
« vous soutient depuis si long-tems. —
« Mademoiselle..... mademoiselle..... —
« Je n'entends rien.— Ecoutez-moi.—
« Ma lettre. — Un mot par grâce.

Un nouvel acteur paraît subitement sur la scène : c'est Duverlant. « Rendez
« cette lettre, Monsieur, ou craignez
« mon ressentiment. — Je ne cède jamais
« aux menaces.—Il cédera à la
« force, s'écrièrent Beauclair et Vertpré.»

Sans doute ils ont vu disparaître mademoiselle d'Apremont. Ils auront jugé qu'elle ne quittait pas la danse sans des motifs qu'il leur importait de connaître. Peut-être leur a-t-elle déjà donné quelques rendez-vous au pavillon. Il sauront pensé qu'elle pouvait y être avec un rival inconnu jusqu'alors. Ils s'y seront rendus isolément avant moi, et chacun de nous a occupé, par un hasard heureux, une face différente du bâtiment.

« Vous n'aimez aucun homme, et
« vous vous amusez de tous ! Ce n'est
« pas là ce que vous m'avez juré et écrit,
« a dit Vertpré avec amertume. Vous
« devez à votre froideur, a repris Beau-
« clair, la conservation de ce qu'on ap-
« pelle vertu. Je crois la vôtre intacte...
« — Et moi aussi... — Et moi aussi. —
« Cependant vous m'avez peint en traits
« de feu, sans doute pour m'attacher
« davantage, les combats que vous li-
« vraient votre cœur, mon amour et
« mes vœux ardens. Vous m'avez pro-
« mis votre main, au retour de votre
« oncle à Paris. — Et à moi aussi. — Et
« à moi aussi, lorsque j'aurais légale-
« ment rompu les nœuds qui me lient,
« et que je vais resserrer avec une force
« nouvelle. — Je ne vous parlerai pas,
« mademoiselle, de l'indignité d'une

« semblable conduite. La confusion, que
« vous éprouvez en ce moment, nous
« venge assez, et si ces messieurs veu-
« lent me croire, nous n'avilirons pas
« l'autel, où nous avons sacrifié de si
« bonne foi.

« Le bruit est pour le fat, la plainte pour le sot ;
« L'honnête homme trompé s'éloigne et ne dit mot.

« Mais nous ne souffrirons pas que
« M. des Audrets, à qui mademoiselle
« n'a donné aucun sujet de plainte,
« obtienne de la crainte ce qu'elle a re-
« fusé à notre amour, ou la force à s'al-
« ler accuser devant son oncle. La ma-
« nœuvre de cet homme est celle d'un
« scélérat; il ne mérite aucun ménage-
« ment. Messieurs, reprenons cette let-
« tre, puisqu'il refuse de la rendre, nous
« lui ferons après l'honneur de nous
« couper la gorge avec lui, s'il le juge
« à propos. »

De grands mouvemens se font entendre au-dessus de moi. On attaque, on se défend. Je tremble de tous mes membres. » Je n'ai pas de lettre, je n'ai « pas de lettre, s'écriait des Audrets, « j'ai voulu seulement effrayer made- « moiselle. » Et au même instant un papier tombe dans le fichu de Jeannette. Elle se lève aussitôt; elle me prend sous le bras; elle m'entraîne, chancelante, éperdue, terrifiée de ce que je viens d'entendre.

Nous reprenons les détours par où nous avons été au pavillon. Mes forces renaissent à mesure que je m'en éloigne. Je me remets tout-à-fait, en rentrant dans la grande allée, illuminée de toutes parts. Là, Jeannette tire, de dessous son fichu, le papier qui est tombé du pavillon. C'est, ainsi qu'elle l'a prévu, la lettre de mademoiselle d'Apremont. Elle est positive, passionnée, convainquante. Peut-on peindre avec tant de charme un sentiment qu'on n'a jamais éprouvé !

Que d'observations elle a dû faire, et quelle habitude elle a de la perfidie! du reste, il paraît qu'elle a des mœurs : la déclaration formelle et maintenue de ses amans prouve qu'au moins elle a été sage avec eux. Ne la jugeons pas trop rigoureusement : laissons-lui les mœurs, pour qu'il lui reste quelque chose.

Il ne paraît pas qu'on ait rien entendu ici de la scène qui vient de se passer. La distance, le bruit des instrumens, l'abandon des danseurs, l'attention de ceux qui les regardent ont sauvé mademoiselle d'Apremont d'une humiliation publique. Quel parti va-t-elle prendre? Hé, que m'importe? J'ai réussi au-delà de mes espérances; j'ai un moyen sûr de rompre le mariage de Jules, et de désabuser mon père; je n'ai plus d'intérêt à savoir ce que fait cette fille-là.

Je rencontre ma bonne mère, alarmée de ne voir ni moi, ni des Audrets. Je lui réponds, sans réfléchir, que j'ai fait un tour de parc avec Jeannette, et je me mets dans l'impossibilité de lui répéter ce que m'a dit cet homme, ce que certainement il n'aurait pas osé dire en présence de ma femme-de-chambre. Mais je me plains de la tenacité avec laquelle il a cherché l'occasion de me parler, et je prie maman de veiller sur moi plus exactement que jamais.

Bientôt un bruit sourd circule dans l'assemblée. On dit que mademoiselle d'Apremont est incommodée. Vertpré, Beauclair et Duverlant paraissent et annoncent qu'elle vient de rentrer au château. Aussitôt les danseurs s'arrêtent, les instrumens se taisent ; on se parle, on s'interroge, on s'inquiète; la rumeur est générale. A quelle femme s'intéresse-t-on, bon Dieu ! voilà les hommes : toujours dupes des grandes réputations, ils refusent un peu d'estime au mérite modeste qui dédaigne de les éblouir.

Les jeux, la danse sont rompus. La

foule s'empresse ; chacun veut s'assurer par lui-même de l'état de la divinité qu'on vient de dépouiller au pavillon de son auréole. Vertpré, Beauclair, Duverlant sourient de pitié, sans dire un mot. Des Audrets, maltraité par eux, est sans doute déjà renfermé chez lui. M. de Méran s'avance aussi vite que le permet son âge; maman et moi pouvons à peine le suivre.

Julie est dans le premier antichambre de l'appartement de mademoiselle. Elle a, dit cette fille, une forte migraine ; elle ne peut recevoir personne, pas même son oncle. On se retire dans un morne silence.

Des domestiques apportent des lettres, très-probablement écrites aussitôt après l'aventure du pavillon : le ton peu naturel avec lequel on les lit; le défaut de motif, pour les lire à haute voix, me confirment dans cette opinion. Madame Duverlant est dangereusement malade ; la fuite d'un banquier de Montauban expose la fortune de Beauclair ; Vertpré est appelé à Toulouse pour tenir un joli petit neveu que sa sœur vient de lui donner. Tous trois prennent congé de M. d'Apremont, et ordonnent que leurs voitures soient prêtes au point du jour. Il est clair pour moi qu'ils veulent s'éloigner sans éclat, épargner la honte de les revoir à une femme dont ils ont tant à se plaindre : ce sont d'honnêtes gens.

Puisse la triste épreuve que Duverlant vient de faire de l'inconstance, le rendre pour jamais à une épouse, qui mérite, dit-on, son plus tendre attachement !

Nous rentrons chez nous. Mon père est sérieux ; rêveur ; le jour va paraître ; ce n'est pas le moment de parler de mademoiselle d'Apremont.

Lorsqu'on a assisté à une fête brillante, on ne se rassemble pas le lendemain, sans parler des plaisirs de la veille. Chacun a remarqué quelque chose, et la critique et l'éloge alimentent la conversation pendant quelques momens. J'étais assez en fonds pour la faire durer une heure au moins. Il entrait dans mon plan de voir venir, et d'amener naturellement ce que j'avais à raconter. Maman a commencé par louer tout ce qu'elle a vu. Elle a compté ensuite ce qu'a dépensé M. d'Apremont. D'après son calcul, cette journée lui coûte un an de notre revenu : c'est beaucoup d'argent dépensé pour déshonorer une femme dans l'esprit de cinq personnes.

Mon père n'a pas laissé échapper une occasion aussi favorable de parler de l'enchanteresse; il a fait l'énumération de ses charmes; il s'est étendu sur la grâce et la noblesse qu'elle met à tout ce qu'elle fait, sur l'aisance avec laquelle elle remplit les devoirs de maîtresse d'une grande maison, sur la pénétration qui lui fait prévenir les désirs de tous. J'ai terminé le portrait en ajoutant, à demi-voix, qu'il est fâcheux de ne pas trouver un cœur sous la plus séduisante enveloppe. Mon père a relevé le mot avec aigreur; je m'y attendais. Il m'a dit qu'il n'est pas d'une belle âme de juger légèrement, et qu'établir une opinion défavorable sur de simples conjectures est une chose répréhensible. J'ai répliqué que, s'il m'était permis de parler, j'accumulerais les preuves de manière à étonner et à convaincre. Mon père a rougi; ma mère m'a interrogée du ton de la plus vive curiosisité. M. de Méran ne peut supposer un défaut à une femme qui le trouve assez aimable pour ne pas s'apercevoir du ravage des ans. Maman ne serait pas fâchée de venger sa fille de l'espèce d'oubli où on l'a laissée, en abaissant l'objet exclusif de tous les hommages, de tous les vœux. Elle me presse de parler. Je commence.

« Réfléchissez, mademoiselle, me dit
« M. de Méran, que vous êtes ici juge
« et partie, et que ce n'est pas sur votre
« témoignage que M. d'Estouville jugera
« mademoiselle d'Apremont. — Aussi,
« monsieur, ne demandé-je pas que
« vous, ni lui, vous en rapportiez à
« ma parole; j'ai promis des preuves,
« j'en donnerai. » Mon père se tait; je
reprends mon récit.

« Rien de positif, disait-il quelque-
« fois; fausses interprétations, s'écriait-
« il dans un autre moment. » Cependant
les présomptions se succédaient, se sou-
tenaient tellement, que je voyais l'in-
certitude remplacer, sur le visage de
mon père, les passions qui l'avaient successivement agité. « Quelqu'intérêt que
« vous ayez, Adèle, à rompre le ma-
« riage de Jules, je ne vous crois ce-
« pendant pas capable de faire un ro-
« man aussi calomnieux, et qui, défi-
« nitivement, ne pourroit persuader

« que votre mère et moi. — Voici,
« monsieur, de quoi convaincre M. d'Es-
« touville. » Je tire la lettre de mon
sein, je la présente à mon père. « Il n'y
« a, lui dis-je, que deux mots à ajouter;
« *M. Duverlant est marié à Auch.* »

Je ne peux te rendre la révolution
qui s'est opérée dans toute la personne
de M. de Méran; sa physionomie exprimait la colère et le mépris; sa voix était
étouffée, il a lu et relu cette lettre, il en
a pesé toutes les expressions. Il s'est promené long-temps les yeux fixés au plafond, les mains fortement serrées. Ses
membres tremblaient, ses muscles étaient
contractés au point de me faire craindre
des convulsions. Oh! quel ravage cette
misérable fille eût fait dans ce cœur-là,
si je n'avais été assez heureuse pour la
prévenir !

Je me suis approchée de mon père, je
l'ai pressé contre mon cœur, je l'ai embrassé avec la plus vive tendresse. « De

« quel songe tu m'as tiré ! m'a-t-il dit,
« en m'embrassant à son tour. J'accor-
« dais à cette femme-là toutes les quali-
« tés, comme j'aimais à reconnoître en
« elle tout ce qui peut plaire, et ce n'est
« qu'une malheureuse, digne du dédain
« et de l'abandon de tous les honnêtes
« gens ! » La force des expressions, le
ton exalté de mon père auraient éclairé
maman, si elle avait eu quelques soupçons; elle n'a vu, dans l'amertume de ces
réflexions, que l'indignation d'un homme de bien.

M. de Méran est allé s'asseoir auprès
d'elle; il lui a pris les mains, il lui a
donné les noms les plus tendres. Maman
le regardait d'un air étonné. Je voyais,
moi, un père de famille revenir au sentiment de ses devoirs, et chercher à dédommager son épouse de l'erreur d'un
moment.

Insensiblement les esprits se sont calmés, et on a raisonné de sang-froid sur

les événemens de la nuit précédente. Maman a commencé par blâmer les mesures que j'ai prises pour acquérir une preuve quelconque. Elle m'a fait sentir combien il était facile qu'elles tournassent contre moi. Elle m'a fait un tableau effrayant des humiliations qui m'auraient accablée, si j'avais été découverte épiant, écoutant, avant que mademoiselle d'Apremont eût été démasquée. J'ai frissonné, Claire, en pensant que je pouvais perdre en un moment la réputation d'honnêteté et de délicatesse, qui est à présent toute ma fortune.

Mon père a prétendu, au contraire, que, puisque j'avais des soupçon, j'ai bien fait de vouloir les éclaircir; que le succès de mes démarches peut amener des résultats qui, pour être cachés, n'en seront pas moins avantageux; que n'eussé-je opéré d'autre bien que de garantir Jules de sa perte, je dois me féliciter de ce que j'ai fait. Il jugeait en homme intéressé, je le sentais. Si mademoiselle d'Apremont eût été pour lui un objet indifférent; si, en la lui faisant connaître, je ne lui eusse rendu un service important, il m'eût jugée plus sévèrement que ma mère, je n'en doute pas.

On a parlé ensuite de l'usage qu'on ferait de cette lettre. Maman, constante dans sa manière de voir les choses, a représenté qu'il suffit de faire connaître à Jules le caractère de la demoiselle, et que nous n'avons pas le droit de la diffamer dans l'esprit de M. d'Estouville; que, piqué de s'être trompé dans son choix, il peut rendre public le déshonneur de cette jeune personne; qu'alors nous nous repentirions d'avoir fait le mal sans aucun avantage pour nous, puisque la rupture de ce mariage ne changerait rien aux vues de M. d'Estouville. « Hé! madame, Jules pourra-
« t-il faire valoir ce que je lui écrirai de
« mademoiselle d'Apremont? Son oncle

« verra-t-il autre chose dans mes lettres
« que l'intention de rapprocher son ne-
« veu d'Adèle, et si vous étiez à sa place,
« jugeriez-vous autrement ? Savez-vous
« si Jules ne cédera pas enfin à des cir-
« constances impossibles à prévoir, à
« l'ascendant que son oncle doit avoir
« sur lui ? Quels motifs raisonnables au-
« ra t il de refuser constamment une
« fille dont l'éloge est dans toutes les
« bouches ? Ne se peut-il pas même
« qu'elle parvienne à lui plaire, et que
« verra-t-il alors dans vos lettres que des
« imputations vagues, dont il finira par
« ne faire aucun cas ? Si ce mariage
« avait lieu, Jules, que vous avez tant
« aimé, serait le plus malheureux des
« hommes, parce que vous auriez écouté
« une fausse délicatesse. Non, madame,
« M. d'Estouville lira la lettre de made-
« moiselle d'Apremont ; il saura qu'elle
« est écrite à un homme marié, et l'é-

« clairer, c'est remplir un dernier de-
« voir à l'égard de M. de Courcelles. »

Il y avoit de la pusillanimité dans l'avis qu'avait ouvert maman, et de la passion dans la réplique de mon père. Mais son ressentiment s'accordait avec mes craintes, et assurait une rupture que j'avais préparée avec tant de réflexions et de soins. Je me suis rangée du parti de M. de Méran. J'ai peint la coquetterie telle que je l'ai vue, et le portrait était hideux. Mon père, animé encore par la force et la vérité de mes traits, a pris aussitôt la plume. Ma mère et moi nous sommes mises à notre ouvrage.

Il fallait que je fusse toute entière à l'exécution de ce projet, pour ne pas m'être arrêtée aux suppositions injurieuses de mon père. Jules céder enfin à l'ascendant de son oncle! Jules, aimer mademoiselle d'Apremont, ou une autre! Jules, m'oublier, m'ôter une vie qui n'est soutenue que par la faible espérance de lui appartenir un jour! Cela ne se peut pas ; n'est-il pas vrai, Claire? cela ne se peut pas.

Mademoiselle d'Apremont n'a plus à redouter la présence de Duverlant, de Beauclair et de Vertpré. Des Audrets et elle ont des vérités trop dures à se dire pour ne pas se ménager mutuellement. Ces considérations ont puissamment contribué sans doute à lui rendre la tranquillité d'esprit, sans laquelle une intrigante ne peut agir. Elle est entrée chez nous pendant que mon père écrivait, et elle a développé son amabilité et ses grâces ordinaires ; il semblait que les événemens de la nuit précédente ne fussent qu'un songe, dont les impressions fâcheuses s'étaient dissipées avec les ténèbres.

Les gens aimables, a-t-elle dit, ont tous quitté le château. Il reste un homme à Velzac, dont la société lui est infiniment chère, et les qualités de sa femme et de sa fille ajoutent aux droits qu'il a acquis à son affection et à sa bienveillance. Les plaisirs bruyans étourdissent, et le cœur aime à se reposer dans une douce intimité ; elle espère que nous nous verrons beaucoup, et sans cérémonie. En débitant ces cajoleries, elle nous souriait, à ma mère et à moi, de la manière la plus séduisante, et elle s'approchait insensiblement de mon père. Assise enfin auprès de lui, elle l'a attaqué avec la réserve qu'elle met à tout en public, et qui aurait pu en imposer à des gens qui n'auraient rien su ; mais nous ne laissions échapper ni un mot, ni une inflexion de voix, ni une intention. Mon père étoit rouge de colère, et très-probablement elle attribuait à ses charmes et à son manége le trouble qu'il s'efforçoit en vain de cacher. Je voyais arriver le moment de l'explosion, et je sentais la main de maman trembler dans la mienne.

Une expression d'une délicatesse remarquable, et qui annonce la candeur d'une belle âme, a achevé de mettre mon père hors de lui: « Mademoiselle, « a-t-il dit avec un sourire amer, tout « cela est très-joli, sans doute, et sur- « tout très-sincèrement senti. Vouloir « plaire à un homme de mon âge, est « d'une modestie bien rare dans une « jeune femme; mais je me rends jus- « tice, et je vous fixerais bien moins « que MM. de Beauclair, de Vertpré et « du Verlant, qui, dit-on, n'ont pas à « se louer de vos procédés. Je vous prie « en grâce de vouloir bien ménager mon « cœur, et surtout le repos de madame « de Méran. »

Il m'est impossible de te peindre l'état où cette sortie imprévue a jeté mademoiselle d'Apremont. Elle était pâle et rouge à la fois ; ses lèvres étaient agitées de mouvemens convulsifs, ses yeux ne savaient où se reposer. Ce n'était là que le prélude d'une scène vraiment effrayante.

« Mademoiselle, a repris mon père,
« d'un ton plus poli et plus doux, vous
« savez peut-être que j'ai élevé M. de
« Courcelles, et que je lui porte tou-
« jours l'intérêt le plus tendre : je ne
« dois pas permettre qu'il soit trompé.
« Cependant un rapport clandestin n'est
« pas d'un honnête homme, et vous
« pouvez lire la lettre que j'écris à
« M. d'Estouville. Celle que vous avez
« adressée à M. Duverlant sera renfer-
« mée dans le paquet.

« Ne craignez rien de votre oncle :
« soyez bien sûre au moins que jamais il
« ne sera instruit par nous. — Il le sera
« par moi, s'est-elle écrié d'un ton ter-
« rible. — Vous aurez tort, mademoi-
« selle, et ce paquet, quoi que fasse

« M. d'Apremont, ne parviendra pas
« moins à M. d'Estouville. »

Elle s'est levée, les yeux hagards, la bouche écumante, les traits renversés, tourmentée d'un mouvement de rage qu'elle ne pensait pas à maîtriser. « Quoi! « tout le monde ici se prononce contre « moi, tout le monde, jusqu'à des êtres « obscurs que j'aurais dû ne pas daigner « regarder! » A ces derniers mots, mon père s'est levé à son tour; je l'ai vu prêt à s'oublier, sa main..... Je me suis jetée entre mademoiselle d'Apremont et lui.

Elle m'a repoussée avec violence, et j'ai été tomber sur le bras d'un fauteuil; ma tête a porté, j'ai jeté un cri, mon père est accouru, il m'a relevée. Cette fille a saisi le moment; elle s'est jetée sur les papiers; elle a mis en morceaux sa lettre à Duverlant.

M. d'Apremont est entré. Elle a composé aussitôt son maintien et son ton; elle n'a pu cacher l'altération remar-

quable de sa figure, elle en a tiré parti.
« Mon cher oncle, je souffre continuel-
« lement depuis que je suis à Velzac.
« J'ai été très-malade cette nuit, et tout
« à l'heure je viens d'être attaquée de
« vertiges que les soins de madame de
« Méran ont calmés avec beaucoup de
« peine. Madame de Valny ne reste chez
« vous que par complaisance : permettez
« que demain nous partions ensemble
« pour Paris. Cette dame est d'un âge
« mûr ; elle a votre confiance, je m'é-
« tablirai chez elle jusqu'à votre retour.»

M. d'Apremont a adressé à ma mère les plus tendres remercîmens ; il s'est informé de ma santé, qui lui paraissait chancelante. J'ai attribué ma pâleur et ma faiblesse aux fatigues de la nuit ; il a donné la main à sa nièce, il est sorti avec elle. Nous sommes restés stupéfaits, anéantis.

Ainsi, je viens de mentir pour ne pas perdre l'objet le plus méprisable, perdre cette fille ! Si nous en étions capables, nous ne le pourrions pas sans preuves, et elle vient d'anéantir la seule que nous pouvions produire contre elle. Que Jules au moins lise ces détails; ils sont de la plus grande vérité, je te le jure par l'amitié, par l'amour, par l'honneur, par ce qu'il y a de plus sacré.

Mademoiselle d'Apremont ne restera pas ici; son oncle ne lui refuse rien. Ton mari connaît M. de Valny; peut-être es-tu liée avec sa femme. Fais en sorte de ne la recevoir que les jours où tu sauras que Jules ne doit pas venir chez toi; ne le conduis jamais chez elle. Il est possible que cette fille sente enfin le néant de ses jouissances; que les dangers qui les accompagnent l'en dégoûtent; et que sûre de tenir ses fautes cachées à trois cents lieues de Velzac, elle conçoive la noble ambition de remonter au rang de femme estimable. Combien alors elle serait dangereuse pour moi! Elle n'aurait que des perfections, et elle les aurait toutes. Ma bonne amie, ne la reçois, je t'en supplie, qu'autant que tu ne pourras t'en dispenser, sans violer les bienséances. Fais plus: instruis le bien-aimé de mes tendres alarmes. Dis-lui que je sens mon infériorité, et que s'il veut me convaincre de la ferme résolution de me conserver son cœur, il ne verra pas celle qui les subjugue tous.

Il l'a vue plusieurs fois, je le sais; mais les circonstances n'étaient pas les mêmes: il venait de me quitter, ivre d'amour et de bonheur; il n'avait pas un désir, pas une pensée qui ne se rapportassent à moi, et quand l'âme est remplie, les yeux ne s'arrêtent sur rien. L'a-t-il toujours cette fièvre d'amour, dont je brûlais avec lui? N'a-t-elle pas souffert d'altération? Suis-je toujours pour lui la première des femmes? Que dis-je la première? S'il nommait la seconde et qu'elle fût près de lui, je serais perdue, Claire, je le serais sans retour. Je l'en conjure à genoux, qu'il ne voie pas mademoiselle d'Apremont.

Elle part ; elle part demain. On fait ses malles en ce moment. Jeannette, qui revient du château, l'a vue donner ses ordres à Julie avec la plus grande tranquillité. Quelle femme ! Pourquoi la nature n'imprime-t-elle pas sur ces visages-là tout l'odieux de l'intérieur ?

CHAPITRE VI.

Persécutions, infidélité.

M. d'Apremont suivra de près sa niéce. Il devait être ici six semaines encore, et il n'y restera que le temps nécessaire pour finir avec ses fermiers. Ainsi l'absence de mademoiselle d'Apremont transforme en un désert insupportable ce château animé jusqu'à ce jour par les grâces, les ris, les jeux. Ce départ précipité me rassure sur les projets odieux de des Audrets. Sans doute il suivra son ami; il trouvera à Paris des objets faciles; il m'oubliera. Est-il d'ailleurs si dangereux? Il joint la lâcheté aux vices du cœur : il a laissé partir Duverlant, Beauclair et

Vertpré, sans leur demander raison des violences qu'ils se sont permises à son égard dans le pavillon. Un regard, un mot de mon père l'accableront, et j'instruirai M. de Méran, si le monstre m'y contraint.

Je retourne à mon élysée, dont mes anxiétés et une vie très-active m'ont éloignée pendant quelques jours. Là, je retrouve mon marronier, mes pensées chéries et mon cœur. C'est là que je relis ces lettres de feu, que je m'attendris sur elles, que je les mouille de douces larmes, que je couvre de baisers le portrait de leur auteur. Ces lettres, qui me désolent quelquefois, rappellent toujours ma sécurité première. Mademoiselle d'Apremont ne peut être dangereuse pour l'homme qui m'a aimée avec un abandon aussi exclusif. Je l'ai fixé par des goûts simples, par la candeur du premier âge, par des vertus modestes. Ma figure même a quelque chose qui n'est qu'à moi, et tout est emprunté dans mademoiselle d'Apremont. L'art et le calcul percent à chaque instant. Non, elle ne plaira jamais à qui j'ai pu plaire.

Cependant lorsque le cœur de Jules s'est développé, j'étais le seul objet qui pût l'attacher ; il était encore près de la nature ; il n'avait pas respiré l'air de Paris.... Ah ! je veux éloigner des craintes, qui ajoutent à des peines trop réelles, un mal peut-être chimérique. Pleine de confiance dans ton amitié, dans ta surveillance, dans ta véracité, je me résous à attendre de toi tout ce qui peut me rassurer, ou combler mon infortune. Je m'efforce de revenir à cette gaîté douce, sans laquelle on est à charge à ceux avec qui on vit habituellement.

M. d'Apremont a passé avec nous une partie de la journée. Il s'est plu à causer avec moi ; il m'a priée de me mettre à mon piano et de chanter ; j'ai fait ce qu'il a voulu, parce qu'il était seul. Des

Audrets ne paraît plus ici ; il a raison :
ma mère et moi lui ferions sentir combien sa présence nous est désagréable.
En quittant le piano, je me suis mise à
mon métier. M. d'Apremont a regardé
attentivement mon ouvrage. Il a loué
mes talens en général, et la grâce avec
laquelle je travaille : il est bien bon.
L'heure du souper approchait, et il ne
se retirait pas. Maman m'a fait un signe
que j'ai parfaitement compris. J'ai passé
à l'office, et je me suis entendue avec
Jeannette. En rentrant, j'ai trouvé ces
messieurs au trictrac. Je m'en suis approchée, et j'ai souri à une école échappée à M. d'Apremont. « Mademoiselle
« connaît ce jeu-là ? — Un peu, mon-
« sieur. — Cela suppose un jugement
« déjà exercé. — Je ne sais, monsieur,
« jusqu'à quel point mon jugement est
« formé. Mon père aime le tric-trac, et
« je me suis empressée de l'apprendre.
« — Voilà plus que de la raison, made-

« moiselle; la piété filiale est la source
« de mille bonnes qualités, et je suis
« persuadé que vous les possédez toutes.
« — Je ne croyais pas, monsieur, qu'une
« simple attention pour mon père méri-
« tât des éloges. — Prenez garde, ma-
« demoiselle : n'attacher aucune impor-
« tance à ce qu'on fait de bien est peut-
« être de l'orgueil. — Comment cela,
« monsieur? — N'est-ce pas déclarer
« qu'on a tellement l'habitude de bien
« faire, qu'on ne s'aperçoit plus d'une
« action louable? » Jeannette est venu
avertir qu'on avait servi, et elle m'a tirée d'un embarras qui croissait toujours
davantage, et qui enfin m'aurait ôté tous
les moyens de répondre.

Mon père a invité M. d'Apremont à
souper. Il a accepté, et il a beaucoup
loué, en me regardant, un ambigu qui
était assez bien, mais qui ne pouvait
rien offrir de remarquable à un homme
accoutumé à développer chez lui ce que

le luxe a de plus recherché. Peut-être me sait-il bon gré d'être parvenue, avec peu de moyens, à donner un air d'opulence à la médiocrité.

Mais pourquoi ce même homme, qui jusqu'alors ne m'avait adressé que des choses froidement polies, qui même chez lui ne s'occupait de moi qu'avec une sorte d'indifférence, s'est-il attaché pendant plusieurs heures à me faire exclusivement briller? Ah! M. d'Apremont isolé peut préférer la conversation d'une très-jeune personne à ses propres réflexions: l'homme désœuvré s'amuse de tout, et loin d'avoir de l'orgueil, comme il me l'a reproché en badinant, je m'applique bien volontiers le vieil adage: *quand on est seul, on devient nécessaire.*

Il nous a engagés à dîner pour demain. Mon père a accepté et j'en ai été fâchée: je ne peux me trouver avec des Audrets, sans éprouver une émotion infiniment pénible.

Nous revenons du château, où nous avons passé quelques heures assez agréables. Des Audrets était allé à Tarbes, et quel que soit le prétexte de son voyage, je lui sais bien bon gré de s'être éloigné au moment où il savait que j'allais entrer chez M. d'Apremont. Qu'il continue à se conduire ainsi, et je ne me souviendrai de son hypocrisie et de ses vices que pour le plaindre sincèrement.

Avant le dîner, M. d'Apremont nous a fait voir ce qu'il a cru pouvoir piquer notre curiosité. Quelques tableaux, quelques statues ont fixé d'abord notre attention. Mais un fauteuil, qui a servi au dernier comte d'Armagnac, décapité sous Louis XI; les tuniques blanches de ses deux enfans, placés sous l'échafaud, m'ont inspiré le plus vif intérêt. Il me semblait voir ces déplorables enfans, debout, les mains jointes, recevant sur leur tête et leurs épaules nues le sang de leur malheureux père. Je contemplais d'un œil avide les traces de ce sang, très-visibles encore; je me laissais aller à la plus douce pitié; j'en avais les expressions et l'accent; et bientôt passant à l'indignation que m'a toujours inspirée un acte tyrannique, j'ai fait du crapuleux et féroce Louis XI un portrait d'une vérité tellement entraînante, que mon père m'a serré la main, en me regardant avec une tendresse inexprimable. Ce mouvement m'a rappelée à moi-même. J'ai réfléchi qu'il ne convient pas à une fille de dix-huit ans de s'emparer de la conversation devant des personnes à qui elle doit des égards, et je me suis tue. M. d'Apremont m'a beaucoup regardée; mais il ne m'a pas dit un mot. Peut-être a-t-il trouvé dans mes citations et mon enthousiasme une teinte de pédantisme et de prétention, qui l'a indisposé contre moi. Cependant il m'a traitée avec une bienveillance marquée pendant le dîner et le reste de la soirée. Il a essayé plusieurs fois à remettre la conversation sur des objets qui pussent m'intéresser. J'ai été très-économe de paroles, et je ne me suis permis de développemens, que lorsque j'y ai été en quelque sorte forcée.

M. d'Apremont vient tous les jours chez nous. Il y vient sans façon ; il y déjeûne ou il y dîne avec plaisir. Nous allons fréquemment chez lui, et nous n'y avons trouvé des Audrets qu'une seule fois. Il s'est conduit avec une réserve qui m'a mise à mon aise. Peut-être a-t-il totalement renoncé à un dessein d'une exécution difficile et dont les suites pourroient être cruelles pour lui. Peut-être aussi dissimule-t-il pour faire renaître ma confiance. La suite nous fera connaître, à maman et à moi, ses véritables sentimens. La suite, ai-je dit ? Cette expression doit te paraître extraordinaire, puisque je t'ai annoncé plus haut le départ très-prochain de M. d'Apremont. Hé bien, il n'en est plus question du tout. Il paraît se plaire beaucoup ici, et il a commencé dans son parc des embellissemens qui le retiendront long-temps à Velzac.

Ce matin la conversation est tombée, je ne sais comment, sur le mariage. M. d'Apremont a répété avec beaucoup de franchise ce que des Audrets nous a dit de sa répugnance pour cet engagement. Il avoue qu'il a été retenu par la crainte de tomber dans la dépendance d'une femme impérieuse, pour laquelle sa tendresse eut pu être portée jusqu'à la faiblesse. Il a ajouté ces paroles remarquables : « J'ai eu tort sans doute de ne
« pas distinguer une demoiselle élevée
« dans le grand monde, et entraînée par
« son tourbillon, d'avec une jeune per-
« sonne douce, réservée, timide, et

« en qui on reconnaît à chaque instant
« les traits primitifs de la nature. » Il
avait les yeux sur moi en parlant ainsi.
J'ai baissé les miens et j'ai rougi.

Ces paroles effrayantes me poursuivent partout. Elles m'ont rappelé ce que m'a dit des Audrets, il y a quelques semaines, de son influence sur un ami immensément riche, et de la facilité avec laquelle il le déterminerait à m'épouser, s'il pouvait compter sur *ma reconnaissance.* Cet homme odieux veut-il me rendre plus malheureuse que je le suis, et a-t-il commencé à user de son empire sur monsieur d'Apremont? Mais que gagnerait-il à faire ce mariage? J'ai rejeté ses offres avec le plus souverain mépris, et croit-il que si j'étais l'épouse de M. d'Apremont, je renoncerais à la seule consolation qui reste à une femme infortunée, le témoignage d'une conscience pure?

L'épouse de M. d'Apremont! cette

idée me fait frissonner. Cependant je suis bien convaincue qu'il n'est aucune puissance sur la terre qui puisse me contraindre à donner ma foi sans mon cœur, et ce cœur est à Jules, tout à Jules, il sera toujours à lui.

Peut-être aussi, trop prompte à m'alarmer, ai-je donné aux paroles de M. d'Apremont une application qu'il était loin d'y attacher. Ah! Claire, on croit tout, quand on craint tout. Je ne perdrai pas un mot de ce que dira M. d'Apremont; je l'observerai, j'interpréterai jusqu'à son silence. Il est impossible qu'il ne se décèle pas bientôt, si j'ai eu le malheur de lui inspirer un sentiment plus tendre que celui de l'amitié.

Trois jours sont écoulés et je ne sais encore rien de positif sur les vues de M. d'Apremont. Cependant mes craintes ne sont que trop fondées. Hier, nous étions au château; nous nous prome-

nions dans le parc. Maman était entre des Audrets et mon père; je suivais avec M. d'Apremont. Il m'avoit offert son bras, et plusieurs fois, il a pris ma main, que j'ai retirée aussitôt. Je l'ai regardé furtivement, et j'ai remarqué dans ses yeux un feu que je n'y avais pas vu encore. Nous avons marché quelque temps sans nous rien dire, et tout-à-coup, il a rompu le silence par des questions tellement brusques, qu'il m'était impossible de les prévoir, et par conséquent de préparer mes réponses. «Quelle idée,
« mademoiselle, vous faites-vous du
« mariage? — Aucune, monsieur. —
« Serait-il possible que cet excellent
« petit cœur-là fût resté muet jusqu'à
« présent? — Je n'entends pas bien ce
« que monsieur veut me dire. — Quel
« est le caractère, quels sont l'extérieur
« et l'âge que vous desirez dans un mari?
« — Si je m'étais occupée de ces idées-
« là, monsieur, il ne serait pas conve-

« nable que je m'en entretinsse avec
« vous. — Vous aimez vos parens, ma-
« demoiselle ? — Autant qu'ils le mé-
« ritent, monsieur. — Vous les estimez
« donc ? — Et mon estime est fondée.
« — Ainsi vous êtes persuadée qu'ils ne
« vous prescriraient rien qui n'ait votre
« bonheur pour objet ? — Je sais, mon-
« sieur, combien ils me sont tendre-
« ment attachés. — D'après cela, vous
« êtes disposée à suivre en tout les con-
« seils que vous recevrez d'eux ? — Je
« vous prie de remarquer, monsieur,
« que ces questions multipliées sont em-
« barrassantes, et peut-être déplacées.
« Permettez-moi de rejoindre maman. »

Je l'ai quitté et j'ai été prendre le bras de mon père. Il ne m'a pas été possible de prêter la moindre attention à ce que disait des Audrets. Les expressions de M. d'Apremont m'étaient continuellement présentes ; je les répétais, je les pesais. Je me suis déterminée enfin à en parler à ma mère, et à prévenir, par une déclaration formelle de mes dispositions, les suites du dessein de M. d'Apremont, s'il en a un d'arrêté, ainsi que tout semble me l'annoncer.

Quelle a été ma surprise! Maman a pris en plaisantant les choses très-sérieuses et très-raisonnables que je lui ai dites à ce sujet; elle m'a répondu que mon petit amour-propre m'abusait probablement, et que d'ailleurs la recherche d'un homme bien né, aimable, riche, n'est pas faite pour causer d'aussi vives alarmes. Maman aurait-elle pénétré quelque chose des intentions de M. d'Apremont, et serait-elle disposée à le seconder? A quelles persécutions ne dois-je pas m'attendre, s'il fait une ouverture directe à M. de Méran? Seule contre tous, courageuse, mais sans aucun moyen de résistance que ma volonté invariable, mes jours s'écouleront tous dans l'amertume. Délaissée de mon père et de ma mère, étrangère, pour ainsi dire, dans leur maison, exposée aux poursuites de M. d'Apremont, aux machinations de des Audrets, à quelle protection pourrais-je recourir éloignée de Jules et de toi? Ah! que déjà mon amour me coûte cher! Je compte les momens heureux que je lui dois; je trouve quelques éclairs de bonheur, et des jours, des semaines, des mois passés dans le regret du bonheur même, les craintes et les larmes. Oui, je me repentirais d'aimer, si l'être le plus parfait n'était l'objet de tous mes vœux.

Je veux prévenir des Audrets; je veux le voir avant que les choses soient plus avancées, lui déclarer ma résolution fixe, immuable de ne jamais m'engager. J'exécute ce dessein aussitôt que je l'ai conçu : je m'échappe de la maison, je vais au château, je fais venir le valet de chambre de cet homme, et je le charge de lui dire que je l'attends sur la grande pièce de gazon, qui est sous les croisées du salon. Là, il n'y a pas un arbre, pas un buisson, et je remarque que toutes les croisées sont ouvertes : la témérité ne peut rien attendre même du hasard. Cependant mon cœur, agité par l'idée d'un danger pressant, mon énergie, en opposition directe avec ma raison et les convenances, se calment pendant que j'attends des Audrets, et bientôt je ne vois plus que la fausse démarche dans laquelle je suis engagée, et l'impossibilité de rétrograder. Mon premier mouvement a été de fuir. J'ai senti, après un moment de réflexion, qu'une explication avec des Audrets est indispensable, que je suis intéressée à le convaincre de la fermeté de mon caractère ; qu'il est averti et qu'il y a moins d'inconvéniens à l'attendre qu'à m'échapper du château comme une enfant pusillanime. Je reste; mais je suis en proie à un trouble qui augmente à chaque secondé. Ah! Jules, sache-moi gré de ce que je fais en ce moment! Combien il faut que je t'aime pour avoir pu prendre une semblable détermination!

Tu le croiras sans peine, Claire, le nom du bien-aimé, l'espoir d'échapper à une chaîne qui me séparerait de lui sans retour, m'ont rendu quelque force, et j'étais en état de parler d'une manière suivie quand des Audrets s'est présenté.

« J'étais loin de m'attendre, a-t-il dit
« du ton de l'ironie, que la fière, la
« vertueuse Adélaïde pût venir au-de-
« vant de moi. » Ce début m'a piquée au vif, et j'ai retrouvé tout mon courage. « La fierté, monsieur, sied à toute
« femme qu'on offense, et la vertu est
« son plus bel ornement. Je ne m'éten-
« drai pas davantage sur des qualités
« dont vous connoissez à peine le nom,
« et qui sont si loin de votre cœur. —
« La réplique est amère, mademoiselle.
« — C'est vous qui l'avez provoquée,

« monsieur ; je ne vois pas d'ailleurs
« pourquoi je ménagerais celui qui ne
« respecte rien, pas même la nièce de
« son meilleur ami. » Il a rougi, Claire,
et il a fait de vains efforts pour cacher
son embarras; j'ai senti l'avantage que
je commençais à avoir sur lui, et je me
suis décidée à en profiter. « Je n'entends
« pas ce que mademoiselle veut dire,
« a-t-il repris d'une voix mal assurée. —
« Vous voulez des détails, monsieur ; je
« vais vous en donner. Vous avez pro-
« mis à mademoiselle d'Apremont d'em-
« pêcher son oncle de jamais se marier,
« si elle vouloit vous accorder *des mar-*
« *ques positives de sa reconnaissance;*
« vous m'avez promis un riche parti, si
« je veux vous en donner de *la mienne.*
« Cette demoiselle vous a traité avec un
« mépris égal au mien : c'est le seul rap-
« port que j'aie et que je veuille avoir
« avec elle. Désespérant de la réduire,
« vous avez tourné toutes vos vues sur

« moi, et vous avez commencé à tra-
« vailler l'imagination et le cœur de
« M. d'Apremont. Si vous ne le détour-
« nez de me demander à mon père, je
« vous déclare que je l'instruirai de ce
« qui s'est passé au pavillon entre sa
« nièce et vous. Vous allez me répondre,
« ainsi qu'à elle, que je ne serai pas crue.
« Sachez que j'invoquerai, s'il le faut, le
« témoignage de MM. Duverlant, de
« Beauclair et de Vertpré : démasquer
« un homme tel que vous, c'est servir
« la société. Apprenez encore que si
« M. d'Apremont attribuait ce que je lui
« aurais dit à l'envie gratuite de vous
« nuire, si on me traînait mourante à
« l'autel, si on m'engageait à un homme
« que je ne peux aimer, loin de céder
« jamais à vos lâches désirs, j'emploie-
« rais, pour vous faire bannir du châ-
« teau, toute l'influence qu'une femme
« jeune et estimable doit avoir sur son
« mari. »

Je voyais dans ses traits l'expression de la colère; elle agitait tout son corps. Il voulait cacher les sentimens cruels qui le torturaient, et ses yeux effrayans, ses lèvres tremblantes, sa respiration courte et élevée, disaient ce qu'il croyait taire. Il a senti la nécessité de mentir pour me gagner. Il m'a juré que M. d'Apremont n'est pas l'homme dont il m'a parlé, qu'il ne lui a suggéré aucune des expressions tendres ou flatteuses qu'il a pu m'adresser; qu'il sentait bien avoir perdu tous ses droits à ma confiance, mais que je devais être assez équitable pour ne pas le rendre garant, sans preuves, des dispositions de M. d'Apremont à mon égard. Enfin, il a paru sortir tout à coup d'un sommeil léthargique et se livrant à des idées nouvelles. —
« Mademoiselle, a t-il ajouté, quand
« vous invoqueriez contre moi le témoi-
« gnage de MM. de Vertpré, Duverlant
« et de Beauclair, qu'en résulterait-il ?

« M. Duverlant, marié à une femme
« charmante et généralement estimée,
« consentira-t-il à donner de la publicité
« à son intrigue d'un moment avec ma-
« demoiselle d'Apremont? Et que diront
« les autres? Qu'ils ont eu la grossièreté
« de vouloir m'arracher une lettre. S'ac-
« cuseront-ils pour vous complaire, et
« quoi qu'ils disent de cette lettre, man-
« querai-je de répondre que la leur don-
« ner, c'eût été compromettre évidem-
« ment la réputation de cette demoiselle;
« qu'au contraire, cette pièce était dans
« mes mains une arme innocente, dont
« je pouvais me servir pour obtenir
« d'elle une conduite plus régulière.
« Vous m'objecterez que ces messieurs
« ont entendu ce qui s'est dit au pa-
« villon avant qu'ils y montassent. Eh,
« ne puis-je répliquer qu'éclairé sur cette
« triple intrigue, et voulant ménager le
« repos de mon ami, j'ai tout fait pour
« la rompre sans qu'il en sût rien, et

« que je suis devenu l'objet de la ca-
« lomnie et de la vengeance de ces mes-
« sieurs? Me supposez-vous sans adres-
« se, et pensez-vous que M. d'Apre-
« mont balance un instant entre un
« homme en qui, depuis vingt ans, il a
« une confiance absolue, et deux étour-
« dis qu'il ne connaît que par leur légè-
« reté et leurs petites grâces ? Quel rôle
« alors joueriez-vous dans cette affaire?
« Celui d'une femme qui écoute pour
« dénaturer les faits, et porter le trou-
« ble dans les familles.

« Ces réflexions, que je n'avais pas
« faites d'abord, me rassurent sur le
« succès des démarches que vous pour-
« rez faire. Vous m'avez écrasé d'abord ;
« mais je prends assez d'avantage sur
« vous, pour ne plus me donner la peine
« de dissimuler. Je ne vous aime pas ;
« mais je vous desire ; vous épouserez
« M. d'Apremont et vous serez à moi. »

La foudre tombant à mes pieds n'eût

pas fait sur moi plus d'impression que
la fin atroce de ce discours. Je voyais
un abîme ouvert devant moi, et j'igno-
rais les moyens de l'éviter. Je voulais
répondre, et je ne trouvais pas un mot.
Des Audrets sentait sa supériorité; il
en jouissait; il me regardait, en riant de
ce rire féroce qu'on prête aux esprits
infernaux, quand M. d'Apremont a
paru.

Tout a changé en un instant. La
figure du monstre a pris un air de sérénité et de candeur; son accent était celui de l'aménité et de la bienveillance.
« Mon ami, a-t-il dit, j'étais sur la route
« de Tarbes, et j'ai aperçu mademoi-
« selle qui se promenait, accompagnée de
« sa femme-de-chambre. Je marchais
« derrière elle; la conversation était
« animée; je me suis approché, persua-
« dé que ce que j'entendrais ajouterait
« à l'estime que j'ai conçue pour la plus
« jolie personne que j'aie vue encore.

« Pardonnez-moi cette espèce d'indis-
« crétion, mademoiselle, puisque les sui-
« tes en seront agréables pour vous. On
« parlait, mon ami, de vos faisans do-
« rés. Mademoiselle louait leur plumage,
« la légèreté et la grâce de leurs mou-
« vemens; elle exprimait le désir for-
« tement prononcé d'en posséder deux.
« Elle eût donné pour les avoir, disait-
« elle, la robe qu'elle finit de broder.
« J'ai cru pouvoir vous prévenir, et j'ai
« assuré mademoiselle du plaisir que
« vous éprouveriez en lui offrant vos
« petits chinois. Je l'ai pressée de venir
« les choisir, et j'ai dit à Jeannette de
« prendre une cage chez M. de Méran
« et de l'apporter ici. Jeannette ne vient
« pas, et en l'attendant, en attendant
« que je pusse vous parler de ce qui
« nous occupe si sérieusement, j'en-
« tretenais mademoiselle, qu'il n'eût pas
« convenu de laisser seule. »

Quelle présence d'esprit, Claire, et

quelle prévoyance ! Il a senti la nécessité de donner à mon imprudence une tournure naturelle, d'expliquer, d'une manière satisfaisante, comment je me trouvais seule au château. Il a jugé que la présence de M. d'Apremont devait ajouter à mon embarras, à mon trouble; que je ne trouverais pas un mot pour colorer ma démarche, et que je me remettrais pendant qu'il ferait son roman. Oh, oui, il a de l'adresse; il en a beaucoup. Mais quel usage en fait-il, bon Dieu !

M. d'Apremont s'est écrié qu'il s'estimait heureux d'avoir chez lui quelque chose qui pût me plaire; que probablement Jeannette ne trouvait rien de convenable chez mon père, et qu'il était inutile de l'attendre. Je me suis laissée conduire à la faisanderie. Ils m'ont arrêtée devant deux faisans que j'aurais tendrement chéris, si je les eusse reçus de Jules, mais auxquels la main qui me les offre ne peut donner aucun prix. Il a fait venir une cage magnifique ; on y a mis les pauvres oiseaux, on les a portés chez moi. J'accompagnais celui qui les portait ; je suis entrée avec lui, et je suis montée à la chambre de ma mère. « Vois donc, maman, le joli cadeau que « m'envoie M. d'Apremont. » Je voulais qu'on crût que je venais de le recevoir au bas de l'escalier, à la porte de la maison, et c'est ce qu'a compris ma mère, puisqu'elle n'a fait aucune observation. Voilà de la ruse, j'en conviens, Claire ; mais au moins celle-ci ne nuit à personne. Revenons.

Je dois amour et respect à mon père. Mais j'ai incontestablement le droit de lui résister, s'il veut me contraindre à faire du reste de ma vie un supplice continuel. Cependant je voudrais mettre dans mes refus cette douceur qui indispose moins...... mais qui, quelquefois aussi, encourage la force à déployer toutes ses ressources. Mon père sait ce qui s'est passé au pavillon; il croirait sans peine ce que je lui dirais de des Audrets. En lui révélant ce mystère d'iniquité, j'arrêterais tout peut-être. Mais mon père est fier, il est courageux, il prodiguerait sa vie pour laver l'affront fait à sa fille; je me soumettrais au sort le plus cruel plutôt que de faire couler une goutte de son sang, et des Audrets, qui a redouté trois jeunes gens, peut se montrer brave avec un homme de l'âge de mon père. En admettant d'ailleurs que je parvinsse à éloigner cet homme du château, changerais-je quelque chose aux sentimens que j'ai inspirés à M. d'Apremont? Je ne sais comment sortir de la position cruelle où je me trouve. Écris-moi, éclaire-moi, s'il en est temps encore. Chaque jour, chaque moment, amène une crise nouvelle : non, ta réponse n'arrivera pas assez tôt.

Je reviens sur ce que j'ai résolu. J'aime

mieux m'accuser d'une faute légère que de m'exposer à faire quelqu'imprudence que personne au monde, peut-être, ne pourrait réparer. Je vais dire à maman que j'ai été seule au château ; je lui rendrai exactement ma conversation avec des Audrets ; j'implorerai son indulgence ; j'invoquerai sa bonté ; je lui demanderai des conseils. . . . .

Je l'ai vue, Claire, je me suis abandonnée à mon cœur, je l'ai laissé parler, j'ai peint l'amour en traits de feu, j'ai fait valoir les droits de Jules, j'ai protesté contre toute espèce de violence, j'ai marqué des Audrets du sceau de l'infamie. J'ai vu des larmes rouler dans les yeux de ma mère, je suis tombée à ses genoux, je les ai embrassés, je l'ai suppliée de secourir, de protéger sa malheureuse fille.

Elle m'a relevée ; elle m'a fait asseoir auprès d'elle, et elle m'a parlé le langage de la froide raison. Des raisonnemens à quelqu'un qui brûle, qui craint, et qui ne peut entendre que ces mots : *Amour et espérance.*

Ce que j'ai retenu de cet entretien désespérant, c'est que je peux, à la faveur d'une alliance illustre, relever ma maison, et rendre à mon père tout le bonheur qu'il a perdu ; c'est qu'un homme de l'âge de des Andrets est loin de cette impétuosité de la jeunesse, qui saisit un moment favorable, et qui en profite avant que la pudeur ait pensé à se défendre ; que je n'ai à craindre de lui que des tentatives de séduction, dont je peux me garantir, puisqu'il s'est mis à découvert ; qu'enfin, si ses importunités me devenaient insupportables, il serait temps alors d'éclairer mon mari. Mon mari ! Ce mot m'a tirée de mon accablement, il a rendu la force à mes organes, l'énergie et la clarté à mes expressions. « Et vous aussi, me suis-je écriée, « vous êtes contre moi ! Qui donc me

« reste au monde, si ma mère se joint
« à mes persécuteurs ? M. d'Apremont
« serait mon mari! Jamais, jamais. Plu-
« tôt mourir mille fois. Ne vous préva-
« lez, madame, ni de mon extrême jeu-
« nesse, ni de l'affection que je vous
« porte pour m'opprimer. Je serai fidèle
« à mes sermens; j'appartiens à Jules,
« et ni mon père ni vous ne m'amenerez
« à le trahir. Si on m'y réduit, je por-
« terai partout ma douleur et mes plain-
« tes; je m'adresserai aux âmes sensi-
« bles; je m'en ferai des appuis et vous
« céderez à la clameur publique. »

Effrayée de ce que je venais de dire,
je suis retombée aux pieds de ma mère,
je lui ai demandé pardon ; j'ai repris le
ton du respect, sans rien perdre de ma
fermeté, et je lui ai déclaré que ma résolution est réfléchie, légitime, inébranlable.

Je ne sais ce qu'elle allait me répondre;
elle paraissait émue. Peut-être la nature

allait l'emporter sur l'intérêt et l'ambition, lorsque mon père est entré avec M. d'Apremont. Je les ai salués avec la plus grande froideur, et je n'ai plus levé les yeux de dessus mon ouvrage.

On a parlé des embellissemens du parc, et pour que je ne pusse douter du triste sort auquel on me réserve, on s'est étendu avec une sorte d'affectation sur le projet d'abattre le mur qui sépare notre jardin de la propriété de M. d'Apremont. J'ai senti qu'il s'était déclaré à mon père, et que je n'avais plus rien à craindre ni à ménager.

Mon père et ma mère se sont levés, et ont ouvert la porte qui conduit à mon bosquet. Je me disposais à les suivre : « Restez, mademoiselle, m'a dit M. de « Méran, restez, je vous l'ordonne. »

Je me suis remise à ma place. M. d'Apremont s'est approché de moi.

Il est resté quelques momens sans parler. Il roulait mon coton dans ses doigts, il les passait sur ma broderie, il levait les yeux au plafond, il les reportait sur mon métier, sur moi. Je savais d'avance tout ce qu'il allait me dire, et je souffrais horriblement.

« Mademoiselle.... Mademoiselle.....
« Mademoiselle.... » Il s'est arrêté. « Que
« voulez-vous, monsieur, ai-je répondu
« d'une voix timide, — Me ferez-vous
« la grâce de m'entendre ? — Mon père
« m'a ordonné de rester, monsieur;
« son intention est donc que je vous
« écoute.

« — J'aurais tout à craindre, made-
« moiselle, si je parlais à une de ces
« femmes dissipées, courant sans cesse
« après des prestiges, et jugeant de tout
« sans réfléchir sur rien. Vous êtes sim-
« ple, modeste, raisonnable, et un
« homme de mon âge ne vous paraîtra
« pas ridicule uniquement parce qu'il
« vous aime. J'étais décidé à ne jamais
« former d'engagement; je vous ai vue,

« et une résolution établie sur la con-
« naissance du monde, et fortifiée par les
« années, s'est évanouie en peu de jours.
« Plus jeune, j'aurais cherché à vous
« plaire avant que de m'ouvrir à M. de
« Méran; mais il est une époque de la
« vie où malheureusement on n'inspire
« plus d'amour, où on ne doit rien at-
« tendre que de la reconnaissance et du
« devoir, et telle est la force du senti-
« ment qui m'attache à vous, que je me
« contenterai de ce que vous m'accor-
« derez.

« D'après cette manière de voir, il
« était naturel que je m'adressasse d'a-
« bord à M. de Méran, et que je lui fisse
« des propositions tendantes à rétablir,
« autant que cela se peut, une sorte
« d'équilibre que la nature a rompu en-
« tre vous et moi. Ma nièce a cent mille
« livres de rente, et cela lui suffira; j'en
« ai trois cent mille que je vous aban-

« donne si je n'ai pas d'héritiers, et dans
« le cas contraire, je vous assure cin-
« quante mille écus de douaire. Je laisse
« à M. et à madame de Méran l'usufruit
« de ma terre de Velzac, pendant le
« reste de leur vie, et il ne manque plus,
« mademoiselle, que votre consente-
« ment pour que je sois l'homme du
« monde le plus heureux.

« — Monsieur, la magnificence de vos
« offres prouve la sincérité de l'attache-
« ment dont vous m'honorez. Elles eus-
« sent été superflues, et je ne me serais
« pas aperçu de cette disparité d'âge,
« dont vous parlez avec une franchise
« trop modeste, si je n'avais un éloi-
« gnement invincible pour le mariage.
« J'ose me flatter, monsieur, que vous
« ne vous armerez pas contre moi de
« l'autorité paternelle, et que vous mé-
« riterez, en ménageant mon repos, que
« je joigne la reconnaissance à l'estime

« profonde que vous m'avez inspi-
« rée. »

Un silence de quelques minutes a succédé à cette première explication.

« Mademoiselle, la jeunesse est l'âge
« des illusions, et au vôtre on se fait du
« mariage une idée bien éloignée de la
« réalité. On se persuade que l'amour est
« la base sur laquelle repose le bonheur
« des époux; il peut les rendre heureux
« pendant quelques mois, pendant quel-
« ques années. Mais la cessation des obs-
« tacles, la certitude d'une félicité que
« rien ne peut contrarier ni suspendre,
« la satiété qu'amène cette situation et
« l'ennui qu'elle produit enfin, tout
« concourt à dissiper le charme. Si vous
« aimiez, mademoiselle. » Ici il m'a regardée fixement. « Si vous aimiez et
« qu'on vous unît à l'objet de vos vœux,
« vous seriez étonnée un jour d'être
« tombée à son égard dans cet état d'a-
« pathie qu'aujourd'hui vous ne conce-

« vez pas être possible. — Pourquoi,
« monsieur, éclairé par l'expérience,
« vous exposeriez-vous à un change-
« ment qui vous paraît inévitable ?
« Epouse-t-on une femme uniquement
« par amour, avec la certitude de cesser
« de l'aimer peu de temps après le ma-
« riage ? — Il est, mademoiselle, d'heu-
« reux dédommagemens de la perte de
« la plus vive, de la plus douce, de la
« plus précieuse des sensations. Une
« amitié solide, les égards mutuels, les
« soins, les prévenances, et surtout des
« enfans font encore du mariage un état
« plein de douceur. Et puis, vous l'a-
« vouerai-je ? Il ne m'est plus possible
« de réfléchir ni de rétrograder. La
« force des sentimens que vous m'inspi-
« rez ne me laisse plus voir que vous et
« le bonheur de vous posséder. — Je
« vois, monsieur, que chaque âge a ses
« erreurs. La vôtre est de croire que ma
« jeunesse me laisse sans défense, et que

« je me présenterai avec docilité au joug
« qu'on veut m'imposer. Si vous me
« connaissiez mieux, vous auriez rejeté
« les motifs, très-insuffisans, qui vous
« ont porté à vous ouvrir d'abord à mon
« père; vous m'auriez fait connaître vos
« dispositions à mon égard, et je vous
« aurais épargné des démarches, tou-
« jours désagréables, quand elles sont
« sans succès.

« — Je m'attendais, mademoiselle, à
« quelques difficultés. M. de Méran m'a
« parlé... Oserai-je vous dire?... — Pour-
« suivez, monsieur. — Il m'a parlé d'une
« liaison d'enfance... — Il n'a fait que
« me prévenir. Oui, monsieur, j'aime
« de la plus extrême tendresse un jeune
« homme accompli. Mes parens me l'a-
« vaient accordé. De malheureuses cir-
« constances nous ont séparés; nos cœurs
« sont restés unis, et il n'est pas de puis-
« sance qui parvienne à rompre de tels
« nœuds. Oserez-vous épouser une fille

« dont toutes les sensations, toutes les
« pensées appartiennent à un autre?
« Croiriez-vous posséder une femme
« si elle ne répondait à vos transports que
« par des plaintes et des soupirs? Si la
« considération de votre propre intérêt
« ne suffit pas pour vous arrêter, écou-
« tez votre générosité que j'implore. Ne
« me réduisez pas au désespoir. Eloi-
« gnez-vous, oubliez-moi, et je vous
« chérirai comme un bienfaiteur. »

Un silence prolongé nous a donné, à l'un et à l'autre, le temps de nous recueillir.

« Vous vous livrez à des chimères,
« mademoiselle; vous reconnaîtrez, plu-
« tôt que vous le croyez peut-être, que
« l'amour n'est pas éternel. — Connais-
« sez-vous l'objet de l'amour le plus
« tendre? — M. de Méran n'a pas cru
« devoir me le nommer. — J'imiterai sa
« discrétion. Sachez seulement, mon-
« sieur, que ce jeune homme n'est com-

« parable à personne, comme son amour
« ne peut se comparer qu'au mien. Mon-
« sieur, ne renoncez pas au bonheur :
« placez-le où vous pouvez le trouver.
« Ayez la grandeur d'âme de combattre
« et de vaincre votre inclination. A votre
« âge on aime faiblement, au mien l'a-
« mour est un feu que rien ne peut vain-
« cre. Vous avez toute votre raison, et
« la mienne est à son aurore. Ayez pi-
« tié d'un malheureux enfant qui ne
« peut être à vous, qui tombe à vos pieds,
« et qui vous demande grâce. »

J'étais à ses genoux; je lui tenais les
mains; je les mouillais de mes larmes.
« C'en est trop, mademoiselle, c'en est
« trop ! Vous unissez, aux charmes les
« plus touchans, l'attrait irrésistible de
« la beauté dans la douleur. Je ne peux
« m'en défendre plus long-temps ; ma
« raison, que vous invoquez, est sans
« force. Le sort en est jeté : il faut que

« je sois votre époux, ou que je meure.
« Votre vertu me répondra de vous. »

Il m'a relevée ; il m'a portée sur l'ottomane. Il s'est promené à grands pas, en répétant par intervalles : « Oui, je le
« sens, ma vie y est attachée...... Plus
« de considérations qui me retiennent....
« Je brave, je hasarde tout..... Non, je
« ne cours aucun risque..... Elle a de la
« vertu, et je peux être heureux en-
« core. »

Mon père et ma mère sont rentrés. L'état déplorable dans lequel ils m'ont trouvée a dû les instruire de tout. Ils s'attendaient à une vive résistance de ma part, puisqu'ils n'ont fait voir aucun étonnement. Mais ils m'ont marqué le plus haut intérêt ; ils m'ont donné les plus tendres soins. M. d'Apremont s'est retiré.

On a senti que cette scène avait été assez prolongée ; on a voulu me laisser prendre quelque repos ; on ne m'a parlé de rien pendant le reste de la soirée. Mais ce matin, de bonne heure, maman est entrée dans ma chambre ; elle s'est assise auprès de mon lit. Ce que le ton a de plus affectueux, les caresses de plus touchant, les insinuations de plus adroit, tout a été employé pour m'ébranler ; tout a été inutile. L'illustration de la famille d'Apremont, l'énumération de ses biens, le tableau, ordinairement séduisant pour une jeune personne, du luxe qui m'environnerait, des bijoux dont je serais couverte, des plaisirs variés qui m'attendent, n'ont pas fixé un instant mon attention, et j'ai répondu, par quatre mots prononcés avec énergie : tout cela n'est pas Jules.

Madame de Méran ne m'a pas caché son mécontentement. Elle m'a donné à entendre que mon père ne renoncera pas facilement à l'espoir d'un établissement aussi avantageux pour moi; qu'un chef de famille ne sacrifie pas la réalité à des chimères que se plaît à caresser un enfant sans expérience ; qu'il est des circonstances où il peut user de son autorité, et où on le blâmerait de ne pas le faire. « Jules, maman, me suis-je écriée, « Jules, ou personne. » Elle a continué de parler ; j'ai fermé les yeux, j'ai cessé de répondre.

Elle s'est retirée, en me disant que M. de Méran serait peut-être plus persuasif. Je me suis levée, et j'allais descendre, lorsque mon père s'est présenté à son tour. Son ton était sévère, mais n'avait rien de dur. Il a répété tout ce que m'avait dit ma mère, et tremblante devant lui, je suis tombée à ses pieds. « Ce n'est pas, mademoiselle, ce genre « de soumission que je vous demande. « Prêtez-vous aux vues prudentes d'un « père, qui ne désire que votre bon- « heur, qui vous éclaire sur vos vrais « intérêts, et qui veut bien prier encore,

« quand il pourrait commander. » Il m'a
relevée, il m'a fait asseoir, il s'est placé
près de moi, il a pris une de mes mains,
il l'a pressée dans les siennes. « Mon en-
« fant, ma chère enfant, examine la
« conduite que j'ai tenue envers toi de-
« puis que tu existes. Tu as été l'objet
« de ma constante sollicitude ; je t'ai
« prodigué les soins les plus tendres ; je
« t'ai appris à parler, à penser; j'ai ap-
« plaudi à ton amour naissant pour
« Jules; j'ai fait tout ce qui était en moi
« pour le couronner. J'ai exposé, j'ai
« perdu ce qui me restait de fortune,
« uniquement pour accroître la tienne,
« et quand tu peux relever l'éclat de ma
« maison, me replacer au rang dont je
« suis descendu, ajouter à ton propre
« bonheur le sentiment de celui de ton
« père, envers qui tu peux t'acquitter
« d'un seul mot, tu refuses de le pro-
« noncer! Une passion, maintenant sans
« objet comme sans espoir, ferme ton

« cœur à la reconnaissance, à la piété
« filiale. Sais-tu si ce Jules, à qui tu sa-
« crifies ton père, ta mère et toi-même,
« est digne encore de ta tendresse; si
« quelqu'une de ces femmes faciles, dont
« Paris abonde, ne t'a pas ravi la sienne;
« s'il tient à toi maintenant par d'autres
« nœuds que ceux de la décence et de
« la délicatesse, qui ne lui permettent
« pas de rompre ouvertement un enga-
« gement qui a eu une sorte de publi-
« cité? — Il est fidèle, il l'est, mon père;
« je n'en saurais douter. — Je suppose
« qu'il le soit. Mes droits, ceux de ta
« mère, ne valent-ils pas les siens? Ne
« sont-ils pas plus anciens et plus sacrés?
« Feras-tu tout pour lui et rien pour
« nous? Faudra-t-il que je meure sans
« t'avoir vue honorablement établie? Et
« que feras-tu, quand tu auras perdu
« tes parens, quand Jules aura cédé aux
« circonstances, à son oncle, qui te re-
« jette, et peut-être à son cœur, car

« cela doit arriver ? Ton amour passera ;
« tu te trouveras seule ; tu regretteras
« tes belles années perdues au sein d'il-
« lusions mensongères ; tu vieilliras sans
« appui, sans consolations, et tu termi-
« neras péniblement une carrière qu'au-
« ront abrégée d'inutiles regrets. Mon
« enfant, j'ai soixante ans d'expérience,
« et tu es encore aux portes de la vie.
« C'est moi que tu dois écouter, et non
« un cœur exalté, qui te fascine la vue,
« et qui t'empêche de voir les objets ce
« qu'ils sont. Crois-moi, l'amour n'est
« qu'un sentiment passager, et il n'est
« pas nécessaire de le porter en dot à
« son mari pour être heureuse dans son
« intérieur. Rends-toi à mes raisonne-
« mens, à mes instances ; accepte la
« main de M. d'Apremont. — Je ne le
« peux, mon père. — Tu ne le peux,
« cruel enfant ! — Je ne le peux. — Sais-
« tu que j'ai fait plus que tu devais at-
« tendre du meilleur des pères ? Ne

« crains-tu pas de lasser ma tendresse et
« ma patience?—Pardon, pardon, mon
« père. Oui, je vous dois beaucoup, oui,
« j'ai causé votre ruine; je sens vos cha-
« grins, je les partage, et je voudrais
« pouvoir vous obéir. Mais ce malheu-
« reux, qui est là-bas, qui m'adore,
« quoi que vous en puissiez dire, à qui
« j'ai juré d'être fidèle, qui, à son dé-
« part, a reçu devant vous des sermens
« que vous n'avez pas désapprouvés, ne
« doit-il pas compter sur ma constance?
« Empoisonnerai-je, en l'abandonnant,
« le reste de sa vie? Lui ferai-je mau-
« dire chaque jour celui où il s'est atta-
« ché à moi, où il a cru que l'amour
« vrai et la bonne foi ne sont pas des
« chimères? Quoi! il aurait jusqu'ici ré-
« sisté à son oncle, il aurait refusé pour
« moi les partis les plus avantageux, et
« je lui donnerais l'exemple de la perfi-
« die et du parjure? Jamais, mon père,
« jamais. N'insistez pas, je vous en con-

« jure. Ne me réduisez pas plus long-
« temps à la cruelle nécessité de vous
« résister. — Ainsi donc, mademoiselle,
« vous prenez de vaines déclamations
« pour des principes, et une passion in-
« sensée est devenue la règle de vos de-
« voirs. Le mien est de vous rendre à
« vous-même, et je le remplirai, quoi
« qu'il doive vous en coûter. Obéissez,
« je vous l'ordonne. — Je ne le peux,
« mon père, je ne le peux. »

Il s'est levé; je l'ai suivi; je suis retombée à ses pieds; il s'est détourné de
moi. Je l'ai arrêté par son habit; je me
traînais après lui sur mes genoux : il m'a
repoussée avec violence, avec colère;
je suis tombée le front sur le parquet;
mon sang a coulé; il l'a vu, et il est
sorti !

Ma mère est entrée aussitôt. Elle m'a
bandé le front. Elle paraissait vivement
touchée, et cependant elle m'a intimé,
de la part de mon père, l'ordre de ne

paraître devant lui que lorsque je serais décidée à recevoir la main de M. d'Apremont.

Ainsi, me voilà confinée dans ma chambre! Je suis punie, et de quoi, bon Dieu! Punie! cette idée est accablante. Ah! Claire, mon père, presque suppliant, avait pris sur moi un ascendant que j'ai eu de la peine à lui cacher : sa sévérité me justifie à mes propres yeux, et me rend tout mon courage. Qu'on me laisse ici; qu'on m'y laisse toute ma vie. J'y serai à l'abri des persécutions; j'y vivrai entre le portrait et les lettres du bien-aimé; je parlerai de lui à Jeannette; je retrouverai le repos et la portion de bonheur dont il m'est permis de jouir.

Vil des Audrets! C'est lui qui m'a désignée à M. d'Apremont, qui lui a fait proposer des avantages tels qu'il n'était pas possible que mon père balançât un moment. C'est lui qui poursuit ce mariage pour me déshonorer, pour outrager son ami. C'est lui qui suscite les persécutions auxquelles je suis en butte, et qui m'a fait tomber dans la disgrâce de mes parens. Eh bien, qu'il éloigne de moi M. d'Apremont, et je lui pardonne tout.

Et cet homme, comment persiste-t-il à épouser une fille qui le refuse, qui en aime un autre, qui le lui a dit? Les passions ôtent-elles la raison et le jugement? Comment n'est-il pas révolté de l'idée de posséder un être tremblant, inanimé, dont le cœur le repousse? Lui suffit-il d'arracher les voiles de la pudeur, de l'outrager dans ce qu'elle a de plus secret? Est-ce là de l'amour? C'est la plus barbare, la plus odieuse brutalité.

Et mes parens, ont-ils renoncé à la délicatesse, à l'honneur? Un homme riche se présente; ils ne consultent pas mon cœur. Ils me vendent, ils veulent me livrer : un tel mariage est une prostitution consacrée par la loi.

Je ne m'étais jamais occupée de ma figure. Je me regarde à présent, et je me déteste. Oui, je suis belle, trop belle. Que ne puis-je inspirer le dégoût et l'ennui à tous les hommes, Jules excepté !

Ma mère vient me voir une fois tous les jours. Jeannette ne me quitte presque pas. Nous parlons amour à l'heure, à la journée. Elle a déjà la certitude de devenir mère ; un sentiment nouveau l'attache à son mari, et Jérôme paraît l'aimer davantage. Ah ! je le crois. Si Jules....... Et ce serait M. d'Apremont ! Cette pensée m'indigne, me révolte ; elle me fait frissonner.

Il est presque toujours chez nous. Il m'a fait demander la permission de me voir. J'ai répondu que je ne peux recevoir dans ma chambre que mon père et ma mère. Ils ne m'ont pas fait dire de descendre ; tant mieux : ils m'ont épargné une nouvelle scène douloureuse pour moi, et humiliante pour M. d'Apremont. Il m'a écrit. Il y a dans sa lettre de l'esprit et de la passion, et cependant elle ne m'a pas touchée. Ah! c'est que rien de cet homme-là ne peut arriver à mon cœur.

Dieu! bon Dieu, qu'ai-je lu! Les premières lignes de ta lettre ont porté la désolation et la mort dans mon sein. Cruelle amie, comment ta main s'est-elle prêtée à tracer de semblables caractères? Tu veux me préparer au coup le plus affreux; tu me supposes le courage de l'attendre et de le supporter. Tu veux opposer mon amour-propre à mon amour. Tu crois que le juste orgueil d'une femme estimable peut s'armer contre son cœur et le réduire au silence!.... Oui, tu es mon amie, puisque tu as la force de me faire pressentir l'affreuse vérité. Mais, Claire, mon amour-propre, ma raison sont muets. Je descends dans mon cœur, et je n'y trouve que l'amour. L'ingrat! son oncle l'a conduit chez madame de Valny, et il y est retourné seul! Il y va tous les jours, et on ne le voit plus chez l'amie de son Adèle. Il est coupable, s'il craint de se présenter devant toi. Mademoiselle d'Apremont aura été enfin frappée de ses grâces et de son mérite. Elle veut se l'attacher, et malgré ce que tu lui as dit de cette femme, il ne peut échapper à la séduction. Fille odieuse! une de tes victimes ne s'élevera-t-elle pas enfin contre toi? Ne mettra-t-elle pas à découvert la noirceur de ton âme? N'aura-t-elle pas le courage de te marquer enfin du sceau de l'infamie, de te forcer à te cacher à tous les yeux? Dis à ce malheureux que je pleure, que je gémis, et que je l'adore. Dis-lui que je refuse une alliance illustre, des tas d'or, une profusion de bijoux, et que c'est à lui que je sacrifie tout cela. Dis-lui que je suis dans la captivité, et que c'est lui qui m'y retient. Oh! si mon père savait que ses pressentimens peuvent se réaliser demain, aujourd'hui, que peut-être ils le sont déjà, avec quelle force il tonnerait contre cette passion insensée, qui, dit-il, ferme mon cœur à la nature, qui me fait manquer à mes premiers devoirs.

Mais non, Jules n'est pas coupable; il ne peut l'être. Ton amitié s'est trop légèrement alarmée. Elle a trop facilement cru aux apparences. Ne peut-il, sans m'oublier, sans me trahir, se livrer aux plaisirs de la société, et quelle femme les répand autour d'elle avec autant de variété que mademoiselle d'Apremont?.... Cependant, il y a deux mois, dis-tu, que cela dure.... Non, on ne voit pas, pendant deux mois, tous les jours, une femme qui n'attire que par les grâces de sa conversation. L'esprit doit fatiguer à la longue, et l'attrait des plaisirs s'use enfin. Ils font naître le besoin de la retraite, et ils rendent plus doux le repos et le recueillement. L'amour seul fixe. Lui seul rend un objet toujours précieux, toujours nouveau.

Horrible anxiété! Qui éloignera les idées qui bouleversent ma tête, qui froissent, qui déchirent mon cœur? Ah! quand la chaîne du malheur se déroule sur nous, elle nous enlace, elle nous presse de toutes parts ; le chaînon que nous n'avons pas vu encore succède à celui qui nous blesse. Cette chaîne cruelle s'étend à l'infini. Quelques êtres en saisissent enfin l'extrémité : il en est pour qui elle n'en a point.

Jeannette entre chez moi. Elle tient une lettre... elle est de Jules. Je tremble en portant la main sur le cachet. Je sens que de cette lettre dépend ou ma vie ou ma mort.

Pourquoi m'écrit-il directement, lui, qui avait solennellement promis à M. de Méran de ne le pas faire?... Oh! ce n'est pas pour me parler de son amour qu'il manque à sa parole! Dès long-temps, ton intervention suffisait au soulagement de deux cœurs opprimés.... Il ne m'aime plus, il ne m'aime plus. Il me l'écrit, parce qu'il n'a pas osé te le dire.

Depuis une heure, je tiens cette lettre dans mes mains; je la regarde, je pleure sur elle. Que de larmes j'ai déjà versées! Comment en trouvé-je encore? Jeannette me soutient, me console; elle me presse de lire, de renaître à l'espoir, et je vois dans ses yeux qu'elle-même n'en a plus..... Je frissonne..... Je brise enfin le cachet..........

Que la terre s'entr'ouvre sous moi.... Que la foudre me réduise en poussière... Mon Dieu, ôtez-moi le sentiment de mes maux; terminez mon supplice, il est horrible, il est au-delà des forces humaines.... Jules est infidèle.

Je quitte la plume; je ne peux écrire un mot de plus.... Je me meurs............

J'ai été quinze jours sur le bord du tombeau. Une fièvre ardente a failli cent fois à rompre les ressorts de ma frêle machine. Quinze jours d'un délire continuel ont affaissé mes organes, ont anéanti mon entendement. Cependant je suis hors de danger. Vigueur de la première jeunesse, pourquoi m'avez-vous rendue à la vie et à mes maux?

Je ne te dirai rien de plus aujourd'hui. Demain, je tâcherai de reprendre la plume.

Je suis faible, bien faible, et cependant je reviens à toi, mon amie. J'ai tant de choses à te dire, Lorsque ma fièvre s'est calmée et que mes yeux se sont rouverts, j'ai vu autour de moi mon père, ma mère et M. d'Apremont : tous trois fondaient en larmes. J'ai donné quelques signes de connaissance, et M. d'Apremont s'est retiré aussitôt. J'ai appelé maman d'une voix presqu'éteinte; elle a poussé un cri de joie : mon père s'est élancé vers mon lit, il m'a pressée dans ses bras. Ce que la nature a de plus vrai et de plus touchant dans ses expressions; ce que les caresses ont de rassurant ; ce que la plus extrême bonté peut prévoir et faire, ils m'ont tout accordé, tout prodigué. Ils n'ont pas nommé M. d'Apremont, et je leur en sais bien bon gré. Ah ! que ne peuvent-ils arracher de mon cœur le trait empoisonné ! Je le sens, il est là..... il y sera toujours.

Au moment où ma maladie s'est déclarée, Jeannette a senti la nécessité d'éclairer ceux qui me donnaient des soins sur la cause et la nature du mal. En perdant l'usage de mes sens, j'avais laissé tomber à mes pieds la lettre de M. de Courcelles; la bonne jeune femme, l'avait relevée, serrée, et au risque de se faire renvoyer, elle l'a remise à mon père. Cette lettre est trop favorable aux vues de mes parens pour qu'ils marquassent du ressentiment à celle qui l'a reçue, et qui me l'a remise. Ils ont paru croire que ce paquet est le premier qui arrive de Paris à l'adresse de Jeannette. Je présume qu'ils n'en ont pas parlé à M. d'Apremont ; ils n'auront pas voulu perdre sa nièce dans son esprit. On a replacé cet écrit dans mon secrétaire. On croit que je la relirai cette lettre cruelle, qu'elle alimentera mon ressentiment. Hélas ! elle est gravée dans ma mémoire ; elle n'en sortira plus. Jamais mes yeux ne se reporteront sur ces caractères de désolation et d'effroi ; mais tu connaîtras les hommes, tu sauras comment m'a traitée celui dont le cœur m'avait paru l'asile de toutes les vertus. J'ai chargé Jeannette de copier cet écrit qui dépose à jamais contre M. de Courcelles. Le voilà, je te l'adresse ; lis, lis, Claire, et dis-moi comment je ne suis pas morte.

« Mademoiselle,

« C'est un coupable, tourmenté, bourrelé par le remords, qui ose vous écrire, et vous dévoiler l'affreuse vérité. Je n'implore pas votre indulgence : j'ai élevé entre vous et moi une barrière qu'il n'est plus en votre pouvoir de franchir. Je veux seulement que vous sachiez combien j'étais étranger au crime; combien j'étais loin de prévoir celui que j'ai commis, à quel degré d'oubli de soi-même l'homme sans défiance peut être entraîné.

« J'ai trahi mes sermens et mon cœur, ce cœur qui vous a oublié un moment et qui est encore plein de vous. J'ai trahi la beauté, la candeur, tous les sentimens, toutes les qualités qui font une femme accomplie; il ne me reste plus qu'à briser votre cœur, et la fatalité, qui m'a poursuivi sans relâche, m'en impose la loi cruelle. Il faut que je parle ou que je sois à vos yeux le plus vil de tous les êtres. Je peux tout supporter hors votre mépris, et le mérite-t-il réellement celui qui est tombé dans un abîme qu'il n'a pas eu le temps de voir, qu'il n'a pu éviter ?

« Madame de Villers vous a probablement appris qu'en arrivant dans cette ville j'ai été en quelque sorte forcé de voir mademoiselle d'Apremont. Sans cesse entourée d'une cour brillante, elle s'occupoit peu de moi ; peut-être parce que je ne lui marquais que des égards, dont un homme bien né ne se dispense jamais envers une femme. Elle a accompagné M. d'Apremont aux eaux de Bagnères ; une partie de ceux qui cherchaient à lui plaire, l'y ont suivie. Je m'en suis applaudi. Je connaissais les vues de mon oncle ; j'espérais qu'elle ferait un choix, et j'étais certain de n'en pas être l'objet.

« Elle est revenue inopinément à Paris avec madame de Valny. Quelques mois auparavant elle n'avait pas produit sur moi la plus légère impression. J'avais entendu parler d'elle d'une manière peu avantageuse ; vos lettres à madame de Villers, en me donnant des détails circonstanciés sur ce qui s'est passé à Velzac, m'ont dévoilé les causes secrètes de ce retour précipité. L'amour constant que je nourris au fond de mon cœur, l'espoir de surmonter un jour les obstacles qui se sont élevés entre vous et moi, tout concourait à me persuader que mademoiselle d'Apremont ne pouvait être dangereuse pour moi. Voilà ma faute, le seule que j'aie à me reprocher. C'est ma présomption qui m'a perdu. Le reste a été le résultat cruel des circonstances et non de ma volonté.

« Le caractère de madame de Valny, son amabilité, son opulence, font de sa maison le rendez-vous de la meilleure compagnie. Mon oncle m'a proposé de me présenter chez elle. Je sentais que cette dame n'était que le prétexte ; que le but de M. d'Estouville était de me rapprocher de mademoiselle d'Apremont. D'après mon opinion bien prononcée, et ma folle confiance dans mes forces, je n'ai pas résisté, je me suis laissé conduire.

« Madame de Valny, légèrement incommodée ce jour-là, n'avait pas voulu recevoir. Mon oncle est son ami depuis de longues années : nous avons été admis.

« La conversation a d'abord été générale. Bientôt M. d'Estouville s'est attaché à madame de Valny. J'étais auprès de mademoiselle d'Apremont : pouvais-je ne pas lui dire quelque chose ? Elle a relevé mon premier mot ; l'entretien s'est animé, elle l'a soutenu avec les grâces et l'imagination brillante que vous lui connaissez. Elle ne parlait qu'à mon esprit; mais vous savez combien le sien est attirant : je me laissais aller au charme de l'entendre.

« Un malheureux livre m'a fait retourner là le lendemain. Je connais l'auteur, j'en parlais avec éloge ; elle a voulu lire l'ouvrage; je le lui ai porté. Pourquoi suis-je rentré dans cette maison ?

« Madame de Valny était dans son appartement. Mademoiselle d'Apremont m'a reçu ; elle était seule. Nous n'avions rien de particulier à nous dire; j'ai ouvert ce livre. Il traite de l'amour, il en parle avec une chaleur et une vérité.... Il le peint tel que vous me l'avez inspiré..... ah! tel que je le sens encore. Je lisais, elle paraissait attendrie; j'ai vu une larme mouiller sa paupière. Je me suis dit : elle a de la sensibilité; elle en a trop, on le croit, mais que m'importe ?

« Un passage, plein de force et du

plus touchant intérêt a fait tomber le livre de mes mains; et je jure, par l'honneur, par ce qu'il y a de plus sacré, qu'en ce moment j'étais tout à Adèle. Mademoiselle d'Apremont m'a regardé...... comme vous m'avez regardé quelquefois. Le bout de ses doigts effleurait mes genoux. Le livre était tombé entre nous deux... elle s'est baissée, elle l'a relevé. En se baissant elle m'a laissé entrevoir... c'était là le piége, je devais le sentir, l'éviter.... je suis resté.

« Elle a parlé; elle s'est étendue sur ce qu'elle appelle ses étourderies; elle a exprimé des regrets sur de beaux jours perdus dans l'indifférence et les plaisirs bruyans. Elle a dit sentir maintenant combien il doit être doux d'aimer exclusivement un être qui lui rendrait tout le bonheur, qu'elle s'efforcerait de répandre sur sa vie. Son accent, son maintien, ses mouvemens, tout était grâce et volupté. Il était temps que ma mémoire me servît. Je me suis rappelé ce que vous avez écrit à madame de Villers. Adèle ne peut tromper, ai-je pensé. Votre nom, votre candeur, votre amour, le mien, m'ont rendu à moi-même. J'ai voulu vaincre, et je me suis levé.

« Déjà? m'a-t-elle dit avec un ton si
« doux. — Mon oncle est seul, made-
« moiselle, permettez que je lui donne
« le reste de la soirée. — Je vais de-
« main à la noce de mademoiselle de
« Bourgneuf : refuserez-vous de me
« donner la main? » J'ai répondu par une profonde inclination ; ce n'était pas m'engager : j'étais maître encore du parti que je voudrais prendre. Je suis sorti, déterminé à ne plus reparaître chez madame de Valny.

« Cependant j'ai des sens ; ils sont neufs, irritables, impérieux. Je les ai toujours maîtrisés près de vous, parce que je vous adore. Mademoiselle d'Apremont ne m'inspirait ni estime, ni respect. Je ne voyais en elle qu'une femme coquette, mais charmante. Je la croyais parvenue au point où on ne pouvait plus la perdre. Ma cruelle imagination me la représentait sans cesse, baissée, relevant ce livre. La délicatesse ne s'armait pas contre mes désirs.... Que vous dirai-je?... Le lendemain, à la nuit tombante, j'étais chez madame de Valny.

« Mademoiselle d'Apremont m'attendait. Elle était parée de tout ce que l'art peut ajouter à la belle nature. Nous sommes montés en carrosse.

« Je lui donnais la main. Elle est entrée au salon avec la démarche d'une femme sûre de fixer tous les yeux et tous les cœurs. De ce moment, les hommes n'ont vu qu'elle, et elle paraissait ne voir que moi.

« Personne ne danse comme elle. Je ne me lassais pas de la regarder. Bientôt j'ai envié aux autres l'avantage de la faire briller. Je ne danse pas bien et je n'ai pu résister au désir de paraître à côté d'elle. Etrange, détestable faiblesse, qui a préparé mes malheurs.... et les vôtres, si vous pouvez conserver pour moi un reste de tendresse.

« On a joué une valse, danse perfide, que toute femme honnête doit s'interdire. Hé! pourquoi l'ai-je dansée? Je tenais une de ses mains; l'autre reposait sur mon épaule. Vingt fois son sein a effleuré ma poitrine; vingt fois j'ai senti son cœur battre contre le mien. Je n'étais plus à moi : il aurait fallu être un ange, pour résister à l'ivresse qu'elle sait inspirer. La valse a fini. Je lisais dans ses yeux le désir qui me dévorait. Le même délire nous a égarés l'un et l'autre. Au milieu de l'espèce de désordre, qui règne toujours dans une assemblée nombreuse, lorsqu'on cesse de danser, et que les gens, impatiens d'attendre, s'empressent de prendre leurs places, sans nous être dit un mot, sans aucun projet, peut-être sans y avoir pensé, nous nous sommes trouvés à l'extrémité de l'appartement, dans un cabinet.... L'occasion, l'isolement absolu, la sécurité qu'il fait naître. . . . . . .

. . . .

« Je l'avais mal jugée. Elle avait toujours été sage; elle venait de cesser de l'être pour moi. Revenu à moi-même, j'ai senti l'énormité de la faute que je venais de commettre envers vous, et j'ai eu la cruauté de la lui reprocher. Ses larmes ont coulé, et sa douleur n'était pas feinte. J'ai résisté à ce que ce spectacle avait de touchant. Je me suis arraché de ses bras; j'ai fui par un escalier qui s'est trouvé devant moi; je suis sorti de l'hôtel; j'ai couru me renfermer dans mon appartement.

« Je croyais y échapper à moi-même : c'est là que le voile de l'illusion est tombé;

c'est là qu'Adèle, ses charmes, ses qualités, sa constance et mes sermens m'attendaient; c'est là que le remords s'est fait entendre, qu'il a déchiré mon cœur. J'ai passé une nuit cruelle, et le matin, accablé, anéanti, j'ai senti le besoin de rafraîchir mon sang; j'ai erré par les rues, et je suis entré, je ne sais par où, dans les Champs-Elysées. La scène de la nuit s'est présentée à mon souvenir, et m'a torturé d'une autre manière. Elle était sage, elle était sage, répétais-je sans cesse, et je l'ai traitée avec une brutalité sans exemple; ne lui dois-je pas une réparation? Je me suis jeté dans un fiacre; je me suis fait conduire chez madame de Valny.

« Cette dame est d'une faible santé. Une nuit de veille l'avait affaiblie; elle n'était pas visible; c'est ce que je désirais. Je voulais voir mademoiselle d'Apremont, m'expliquer avec elle, lui parler de l'amour qui m'attache à vous, de l'impossibilité d'être jamais à une autre. Elle a paru. « Je vous attendais, « m'a-t-elle dit, du ton le plus doux. « Si vous n'étiez venu, j'étais la plus « malheureuse des femmes, et vous le « plus ingrat et le plus coupable des « hommes. Je vous pardonne la manière « cruelle dont vous m'avez traitée hier, « parce que vous aimez ailleurs. Je sais « que cet amour a produit la résistance « que vous avez opposée jusqu'ici à vo- « tre oncle et au mien. Je n'en connais « pas l'objet; M. d'Estouville a été à cet « égard d'une discrétion que rien n'a pu « vaincre; d'ailleurs, le nom de la jeune « personne est indifférent pour mon « oncle et pour moi. Mais puisque votre « amour n'est pas éteint, pourquoi avez- « vous abusé de celui que j'ai pour vous, « et que je n'ai pu vous cacher ? Pour- « quoi avez-vous provoqué ma première

« faiblesse, pour me la reprocher en-
« suite avec des expressions outragean-
« tes? Jugez-vous, et répondez-moi. »

— « Que pouvais-je lui dire? vous nommer eût été vous compromettre, sans aucun but avantageux pour vous ni pour moi. Je me suis borné à des excuses que je lui devais sous tous les rapports. Elle m'interrompait souvent, pour m'adresser de ces choses flatteuses et tendres auxquelles il est impossible à un homme de résister. Son ressentiment était éteint; il n'y avait plus de place dans son cœur que pour l'amour. Elle s'y livrait avec cet abandon qui doit être naturel à une femme qui a été faible une fois, et qui aime... Nous étions sur une ottomane....

. . . .

« Une première faute produit les regrets; la seconde les éteint. Je vous ai oubliée, Adèle, je l'avoue dans l'amertume de mon âme. Oui, je vous ai oubliée; j'ai cessé de voir madame de Villers, qui eût pu me rendre à vous. J'étais infidèle ; j'ai voulu continuer de l'être; j'ai été tous les jours chez madame de Valny.

« Jour terrible, jour de désolation, de désespoir, où elle m'a appris les suites qu'ont eues nos fréquentes entrevues, et qu'il m'était si facile de prévoir! Les agrémens de mademoiselle d'Apremont, la facilité du triomphe, ma jeunesse, la fatalité m'ont perdu, perdu sans retour.

« Avez-vous de l'ambition, m'a-t-elle
« dit? vous pouvez former une alliance
« illustre. Tenez-vous à la richesse? je
« vous offre cent mille livres de rente,
« et j'en attends beaucoup plus de mon
« oncle. Voulez-vous être aimé? je ne
« peux vous exprimer combien vous
« m'êtes cher. Mon ami, vous ne dés-
« honorerez pas la petite nièce des com-
« tes d'Armagnac, de ces malheureux
« qui, long-temps persécutés, ont ba-
« lancé avec éclat la fortune de leurs

« souverains; vous n'abandonnerez pas
« la mère de votre enfant; vous n'aban-
« donnerez pas l'être infortuné qui n'a
« pas demandé à naître, et à qui vous
« devez un état. »

« Ma tête était tombée sur ma poitrine. J'écoutais ; je ne répondais pas.
Je voyais le mur impénétrable qui s'élevait entre Adèle et moi. Je la voyais
irritée, maudissant le moment où elle a
connu l'amour, où elle a répondu au
mien. Je descendais dans mon cœur; je
n'y trouvais qu'Adèle. Mais aussi ce
cœur, plein de vous, répétait ces mots
accablans : *vous n'abandonnerez pas
cet être infortuné qui n'a pas demandé
à naître, et à qui vous devez un état.*

« Effrayé de ma position, tremblant
de vous perdre, entraîné par l'honneur
et la nature, j'ai passé trois jours dans
les combats et l'irrésolution. J'ai commis
le crime, me suis-je dit enfin ; je dois en

supporter la peine. Non, je n'abandonnerai pas mon enfant.

« J'ai vaincu l'amour et moi-même; j'ai demandé à mon oncle la main de mademoiselle d'Apremont. Il m'a embrassé en versant des larmes de tendresse. Hélas ! il ne sait pas que je sacrifie plus que ma vie : je lui ai caché le fatal secret ; j'ai respecté celle à qui je vais m'unir.

« Il a craint sans doute que je retirasse la parole que je lui avais donnée : il a pressé les dispositions avec une activité qui ne m'a pas laissé le temps de me reconnaître. Le consentement de M. d'Apremont est arrivé ce matin... quand vous lirez cette lettre, je serai marié.

« Marié ! et ce n'est pas à vous ! Malheureux que je suis ! je souffre, je pleure, et je ne meurs pas ! Plaignez-moi, Adèle, si vous pouvez prendre encore quelque intérêt à mon sort.

« Je vous devais ces détails. Épouser mademoiselle d'Apremont sans vous dévoiler mes motifs, c'était me rendre vil à vos yeux. Je n'aurais été pour vous qu'un insensé ou qu'un monstre d'ingratitude, et, je vous le répète, mademoiselle, il m'est impossible de renoncer à votre estime.

« Permettez-moi de vous demander une grâce; c'est probablement la dernière que vous m'accorderez : je vous ai confié la réputation de madame de Courcelles; n'abusez pas de ce dépôt, je vous en supplie. Ne la réduisez pas à rougir devant madame de Villers. »

FIN DU SECOND VOLUME.

www.ingramcontent.com/pod-product-compliance
Lightning Source LLC
Chambersburg PA
CBHW050635170426
43200CB00008B/1020